福建省教育科学"十三五"规划 2020年度立项课题《高考新评价体系下普通高中地理课堂角色反转的教学研究》（立项批准号：NO.FJJKXB20-513）和2020年福建省普通教育教学研究室立项课题《SOLO分类视域下地理课堂学习评价的实践研究》（立项批准号：NO.MJYKT-062）和福建省基础教育高中地理教研基地校研究成果。

角色反转赋能地理核心素养培育

张丽玲　著

吉林大学出版社

·长春·

图书在版编目（CIP）数据

角色反转赋能地理核心素养培育 / 张丽玲著. -- 长
春 : 吉林大学出版社, 2023.2
ISBN 978-7-5768-2001-0

Ⅰ. ①角… Ⅱ. ①张… Ⅲ. ①中学地理课—教学研究
—高中 Ⅳ. ①G633.552

中国国家版本馆CIP数据核字(2023)第161074号

书　　名：角色反转赋能地理核心素养培育
JUESE FANZHUAN FUNENG DILI HEXIN SUYANG PEIYU

作　　者：张丽玲
策划编辑：米路晗
责任编辑：张　驰
责任校对：李潇潇
装帧设计：雅硕图文
出版发行：吉林大学出版社
社　　址：长春市人民大街4059号
邮政编码：130021
发行电话：0431-89580028/29/21
网　　址：http://www.jlup.com.cn
电子邮箱：jldxcbs@sina.com
印　　刷：长春市中海彩印厂
开　　本：787mm×1092mm　　1/16
印　　张：13
字　　数：260千字
版　　次：2023年2月　第1版
印　　次：2023年2月　第1次
书　　号：ISBN 978-7-5768-2001-0
定　　价：68.00元

守候梦想，

放飞希望。

精彩在行知演绎，

教育之花在此绽放！

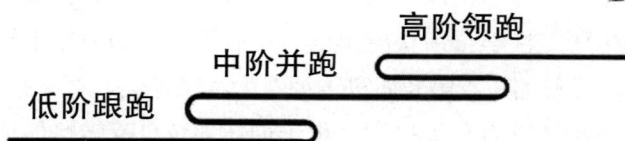

高阶领跑

中阶并跑

低阶跟跑

作者简介

张丽玲，1997年毕业于福建师范大学，担任闽南师范大学附属中学（漳州二中）地理教研组长、高级教师，福建省漳州市第二中学高中地理基地校负责人；漳州市地理名师工作室成员。多次担任漳州市地理学科带头人和"福建省乡村教师提升工程"培训教师，积极参加漳州市名师工作室送培送教下乡活动。

2008年，《气压带风带》教学设计荣获福建省高中地理新课程教学设计一等奖。2011年成为漳州市首届名师工作室成员、2012年被评为漳州市地理"学科带头人"、2017年被评为漳州市地理学科"十佳教师"和漳州市"研究型名师"、2018年被评为漳州市"优秀教师"和漳州市首届"优秀名师"（漳州市教育局奖励20万元名师补助资金）、2019年成为闽南师范大学历史地理学院的课例教师和校外辅导员、漳州市中心城区区域教研组长、2020年荣获全国"生态教育优秀教师"。2020年荣获漳州市教学成果二等奖，2022年荣获漳州市教学成果一等奖。教学成绩优秀，深受学生、家长和领导好评。

主持两项省级课题、五项市级课题研究（两项市级重点课题），在《福建基础教育研究》（CN35-1298/G4）、《中学地理教学参考》（CN61-1035/G4）、《福建教育学院学报》（CN35-1240/G4）等刊物发表多篇论文。2018年，指导青年教师在"一师一优课"比赛中荣获市级一等奖、省级一等奖和部优奖。多次指导学生研究性学习荣获漳州市一、二等奖；2023年指导学生"如何让城市不再看海"荣获福建省第38届科技创新大赛二等奖。

在新课改的洪流中，著者积极探索，勇于创新，角色反转赋能地理学科核心素养培育，在实践上取得实质突破，实践性和创新性强。该教学成果以"立德树人"为根本任务，以角色反转为支点，成功撬动学习的生命力；遵循学生身心发展和"行知合一"的教育教学规律，体现素质教育核心理念，具有可复制性和推广性，在教育教学中发挥了示范引领作用。

序

　　自从地理课程标准引入地理学科核心素养以来，广大一线地理教师纷纷投入研究地理学科核心素养的热潮。一方面是加深对地理学科核心素养内涵和外延的理解，另一方面是寻求培育地理学科核心素养的方式和方法。对于广大一线地理教师来说，时不我待，一边研究，一边践行，各地涌现出培育地理学科核心素养的各式各样的模式和做法，都是可喜的探索，应不断及时总结经验，提升认知和实践的水平。新问世的《角色反转赋能地理核心素养培育》就是作者探索践行的阶段性成果，值得一看。

　　作者是从长期从事地理教学和地理教研所形成的深厚的教育情怀出发，为学生提高地理新课程学习效益和效率，大胆探索，基于在长期地理教学中形成的教学主张和风格，对接新课程地理学科核心素养的特性和培育要求，而提出角色反转赋能地理学科核心素养培育这一命题的，将角色反转作为抓手，发掘这种教学模式对地理学科核心素养培育的有效功能，提高学生地理学习和素养形成的主体地位和自觉程度。因此，本书一开始就提出引导学生自主探究地理的"理"（思维）要比让学生得到地理的"地"（知识）更加优先。

　　本书可贵之处是本着守正创新的科学态度。作者认真研究地理新课程的顶层架构，从教、学、考一体化的新理念直面地理教学存在的现实问题，将此作为教学研究的课题。本书较广泛研究了国内外与"角色反转"有关的学术成果，坚持守正创新、洋为中用的原则，深化课题研究。值得倡导的是课题研究与教学改革同步进行，互为支撑，让学生得到实在的好处，切实提高了素养水平和高考成绩。

　　本书重视中华传统优秀文化的传承和弘扬，以"知行合一"为指导思想，没有局限于当下不少研究所依据的近代中外"做中学"理念，而是追本溯源到多个世纪前"知行合一"命题的首创学派，而这一命题正是中国传统文化中的精华，也是增强中国人文化自信的切入点之一。本书遵循地理新课程标准将思维结构模式中国化的思路，将地理学科核心素养的水平与思维结构的层级加以对照，有利于角色反转赋能地理学科核心素养的培育。

　　本书创建了"搭·展·评·达"教学耦合联动机制，开辟了角色反转赋能素养培育的新途径。角色反转并非削弱教师的主导地位，而是要提高对教师引导的要求，为学生搭建有利于地理问题发现、分析和解决的学习平台。新的课堂模式为学生提供了以学习主人翁的角色登台展示学习成果的机会，让学生实现从被动听讲的"迷茫、朦胧、困惑"到主动展示的"明晰、认同、建构"的角色反转，深刻体验和应用地理学科核心素养。本书构建起融合思维结构层级的地理学科核心素养水平评价模型，明确评估学生的学业水平。通过"搭、展、评"三个环节，显示出学生素养形成的真实水平，再通过新一轮的"搭、展、评"，最终达成课程标准规定的地理学科核心素养进阶的要求。这是一个可持续操作的有效模式。作者在对这一模式进行经验总结和反思的基础上，提出了教学建议，值得借鉴。

本书分孕育期、探索期、发展期、完善期等四个阶段，分享了作者本课题研究和实践的心路和历程，分享了十分丰富的研究和实践成果，充分体现出这项研究的可应用、可推广性，值得有志于新课程研究的同行参考。

作者不断深化自己的研究和践行，对角色反转赋能地理学科核心素养培育的模式进行进阶探究，将其细分为低、中、高三个层级的赋能机制，予以深入的阐述，并提供了内容丰富的案例，师生合作，图文并茂，实用价值高。

本书还分享了这项研究和实践的成效以及推广应用的过程，使得本书的读者不但能够在实际教学中借鉴作者的研究成果，而且还可以在课题申报和实施中借鉴作者的研究路径和方法。这项研究和实践的成效以及推广应用的过程，也体现出作者是作为研究团队的领头人集体开展研究和实践的，这也是值得倡导的。

综上所述，本书反映出作者理论联系实际、集体合作研究、师生互动等良好的态度和作风，适用于广大一线地理教师、地理教研员参考，也适用于师范院校师生参考和地理教师的培训。

教育部地理课程制定专家
人民教育出版社地理教材分册主编
福建师范大学地理科学暨碳中和未来技术学院
二级教授、博士生导师

2023年1月5日

目　　录

第一章 缘起——教育情怀

一生一世界，一转一乾坤！
角色反转——四两拨千斤，
成功抓手，撬动学习自觉。
缘起情怀，助力学生素养培育！
玩转地理，快乐学习！

第一节 己立而立人

笔者从一名学困生到高考成功逆袭（1993年福建师范大学地理教育专业高考最高分），成功的秘诀就是学习方法的转变。

回想1992年高三阶段的数学学习，我的数学成绩一直都很不理想，也是我最大的困惑。数学老师林冲和（福建省特级教师）看我这么努力，成绩却不尽人意；有一天，他找我谈话，问我是怎么学习数学的。我对老师说，上课注意听讲，回家认真做作业，平时还能理解，一到考试，题目就解不出来。林老师跟我说，从今天起，数学不用做额外课后作业，就把老师上课的题目（不看笔记）重新再做一遍。我心里想，这有何难？第二天，我把林老师讲过的数学题重新再做一遍的时候，竟然解不出来。上课听得懂、理解得来的数学题，回家独立解题竟然不会，这到底是什么原因呢？我开始陷入深深的反思：数学课的解题思路是老师带着学生走，就像大人带着婴儿在学走路——以帮扶为主，不是自己真正地走路。因此，只有自己独立思考后会解题才是真正学会。从那以后，我改变了数学的学习方法，每一道题我都会弄清楚解题的依据是什么，是怎样一步一步推理得出结论的；课本每一个字，每一句话，每一个定义的真正意思到底是什么。从此以后，我的数学学习发生了转变，数学成绩从不及格到及格，从及格到优秀，乃至其他学科都变得优秀，真是一通百通。1993年，当大家高考"哀鸿遍野"之际，笔者却屹立不倒！感恩我的数学老师——他的点拨，让我走向成功！

因此，从自己的成功得出结论：成功的捷径就是自己由内而外的认知，林老师依然是林老师，改变的是我，我学会了独立思考、认知和表达。正如新课程标准提倡的以学生为中心，才能立德树人。多年后，我一直把这种方法应用到我的地理教学中，培养出一批又一批学生走向成功！

随着地理教学实践的不断深入，结合国家教育改革的顶层设计，笔者培育学生进行独立思考、表达或演示，在老师保驾护航下形成"教""学""评""达"联动的教学模式。老师能够及时诊断、指导学生，让学生独立思考更有价值。

角色反转是支点，撬动学生在老师和同学面前审视、表达对某一观点的理解。学生有不懂的内容，他就无法输出；学生如果掌握知识不全面，表达就不清楚，逻辑思维就混乱。因此，通过角色反转就更容易发现学生学习中存在的问题，老师和同学也能更清楚地知道学生的困惑点。教师就能有针对性地进行查缺补漏，及时调整教学内容。教师要搭建"脚手架"引导学生学习，学生展示所学；教师通过"观其行，诊其弊，勘其误，扶其正，达其知"，学生"习之于渔，获之于愉"，最终提高学习素养。角色反转是支点，践行以学生为中心，体现学习过程；有利唤醒学生学习的自觉，激发学生学习的内在动力和学习的兴趣，掌握学习方法，凝练学科关键能力，赋能地理核心素养培育。参与锻炼的学生能够在同学和老师面前清楚表达或演示，更能赢得同学的喝彩和尊重，学生就能更自信，对今后的学习就会更加有信心。学生从理所当然听—灌输式学习到实践式学习，从接收式学习到输出式学习，改变的是学习方式，收获的却是高效的学习效果。实践证明：角色反转的教学模式能够助力学生从一个成功走向另一个成功。

第二节　玩转地理

地理学习难不难？有的人认为地理就是死记硬背，简单粗暴；有的人认为地理是玄学，怎么也学不懂。大道至简，其实，地理学习简而言之就是两字"地"与"理"。

"地"就是空间，即区域；"理"，就是道理。从空间的角度来审视某一现象的道理。"地"的尺度由大到小：宇宙、太阳系、地球、大洲、国家、政区、省、市、乡镇、村或社区。

"理"包括自然原因（对应自然地理的知识）与人文原因（对应人文地理的知识）。自然地理包括气候、地形、河流、土壤和植被等要素，简称为"气地水土生"五个字；人文地理以"人"相关而派生出包括资金、劳动力、市场、交通、政策和科技等要素，口诀简称为"金老（劳动力）师（市场）教（交通）政（政策）科（科技）"。初中考查"是什么"，比较多。如哪座山脉，哪条河，什么气候名称，什么气候特点等，在教材能够直接找到。内容直白，道理简单。如哈密瓜为什么那么甜，学生大部分都能回答——新疆昼夜温差大，日照时间长，有利于糖分储存。

而高中考查以素养立意为主，考查基于原创情境（教材无法直接找到），以新情境为载体，考查学生在陌生的环境应用地理知识，包括自然地理和人文地理知识的能力；考查人类是如何趋利避害适应环境和改造环境以达到人地协调。首先，地点判定加大难度，一般采用经纬线判定。只有正确判定所在的区域，才能推导出当地的自然与人文特征，形成地理的综合思维。同时进行区域差异的对比，区域认知成为地理考查的第一拦路虎。区域判断失误，后续的综合思维、地理实践和人地协调考查就无从谈起。如2020全国高考地理试卷：50°N纬线穿过的湿润区，葡萄种植以竖垄种植的原因。对考生而言，首先要确定是这是哪里，其次要知晓农业生产与自然因素的气候息息相关，因此自古就有"靠天吃饭"的说法，而学生学过的教材，并没有这个情境。50°N还种植葡萄而且是湿润区只能是温带海洋性气候，50°N大陆东岸是温带季风气候或温带大陆性气候都不是湿润区，因此排除大陆东岸。

"竖垄"种植要先分析"竖"向种植的原因，还要分析"垄"式种植的原因。"竖向种植"由于纬度较高，为了充分利用光照时间。"垄式种植"比平地种植太阳的入射角大，同一时刻的太阳高度角较大，获得的能量则较多。本题以地理实践的方式——某个地区的生产景观入手，既考查学生地理的综合思维又考查学生的人地协调观。把学生多年地理学习的能力考查出来，体现高考素养测试的初衷。

素养的培养，不在于学生掌握多少知识，而在于要培育学生掌握地理学科的学习方法，地理学核心素养。因此，地理学习就是要明白哪个地区某个事物存在的道理。教师平常教学不能只奉送知识，而是要培养学生学会思考为什么，即"理"的内容。

教师如果直接呈现答案，那只能培养知识的巨婴，无法培养学生获取知识的能力。只有启发学生思考，才能使其学会分析问题、解决问题。那么撬动学生思考的支点是什么呢？那就是角色反转。让学生以教师的角度来解释答案，倒逼着学生思考，启动其思维运行，再针对学生作答进行同步指导，做到行知合一，以行促知，知行互促。

第二章 理念——守正创新

在新一轮改革洪流中，哪些是要守住的传承，哪些是破旧立新，教师要具备一双慧眼！

守住民族本色，传承优秀文化；同时，与时俱进，不断创新！立德树人，以生为本，加强人文关怀，为国育才，实现中国梦！

第一节　研究背景

一、教育的顶层设计

《义务教育地理课程标准（2022年版）》明确指出要以习近平新时代中国特色社会主义思想为指导，全面贯彻党的教育方针，遵循教育教学规律，落实立德树人根本任务、发展素质教育[1]。习近平总书记多次强调新时代教育应凸显学生的主体地位，推动育人方式变革，着力发展学生的核心素养[2]。

《教育部关于做好普通高中新课程新教材实施工作的指导意见》明确指出教育要落实"立德树人"根本任务。2019年9月高中实行新教材落地课堂教学，以全新的教材替换旧教材。2019年11月教育部考试中心发布"中国高考评价体系"，再次强调"立德树人"是教育的根本任务。2020年"双减"政策重拳出击，不能牺牲和压榨学生有限的课外时间，不能无限延长课后作业量，做到减负增效、提质。

2020年，高考新评价体系的科学构建，打造地理高考的顶层设计，发挥高考正向指挥棒作用。一是明确高考的核心功能为"立德树人、服务选才、引导教学"。二是实现对核心素养的有效测量打下坚实的理论基础，将高中课程标准核心素养理念和学业质量标准切实落实到高考当中。促进教考衔接、同向同行。三是在考查要求上，高考评价体系明确高考考查的形式是突出基础性、综合性、应用性、创新性；考查的原因就是"立德树人、服务选才及导向教学"；考查的内容是以学科必备知识为基础，突出关键能力，体现学科素养，凸显核心价值；核心价值的培育就是落实立德树人。

高考新评价体系是高考正向指挥棒，它紧密衔接高中育人方式改革，一线教师是高考改革的实践者，如何从教知识到教能力和素养发生改变呢？改变

---

[1]　教育部. 义务教育地理课程标准（2022年版）[S]. 北京: 北京师范大学出版社, 2022（4）: 1.

[2]　教育部. 义务教育地理课程标准（2022年版）[S]. 北京: 北京师范大学出版社, 2022（4）: 2.

灌输式教学，夯实必备基础知识，培养学生地理区域认知、地理综合思维、地理综合实践和人地协调的能力。地理课堂角色反转是学生提高学习力的有效抓手，是针对靶向教学（培养学生地理核心素养）的一种行之有效的方法。

新课标、新课程、新高考、"双减"……教育部出台一系列直指课堂教学改革的组合拳隆重登场，为地理基础教育擘画蓝图。如何贯彻国家教育方针，实现基础教育的顶层设计，对一线的地理教师提出了更高的要求。解密教改组合拳，就是摒弃把学生当成学习的容器，一味进行广而深的知识灌输，而要回归教育的本质——唤醒学生学习的内生动力，从而让教育教学实现减负提效、培根铸魂、立德树人、作为地理教育工作者，应当承担培养人才的使命、有所作为。本教学成果贯彻国家教育方针，以新课标和高考新评价体系理念为指导，践行"立德树人"的根本任务和时代精神，培养学生地理核心素养。

二、问题即课题——地理教学存在的困惑与难题

普通高中就意味着不是市级或县级重点中学，最优秀的学生（智力水平较高、学习习惯较好、学习自觉性学习能力较强）不是班级学生的主体，大部分学生学习的自主性较差、学习比较懒散，学习成绩较差。如何提高学生的自觉性、学习力和地理学科素养，成为摆在普通高中一线老师面前的课题。

地理是文理兼容的学科，空间跨度大，学习难度较大。高中学生在学习的过程中常常有挫败感，导致出现厌学和怠学。如何提高学生地理学习的积极性、主动性和高效性是摆在一线教师面前亟待解决的问题。

新一轮高考改革与课程改革相向而行，教育迎来了一个强化学生学习过程与人文关怀的热潮。为践行新高考和新课标的理念，高中地理课堂教学改革势在必行，素养培育和地理学科融合成为新时代教学研究的重点课题。

三、国内外反转教学领域研究现状

（一）国内研究现状

近现代以来，尤其是改革开放以来，我国教育工作者在借鉴国外教学模式和总结自己经验的基础上，对教学模式的研究和探索付出了艰辛的努力，形成

了吸取外国教学模式之所长又具有我国特色的教学模式。目前，国内对反转式教学模式的研究仍处于尝试阶段。

国内在反转教学领域研究取得了一定成果。

1. 重庆市聚奎中学在具体的实践中总结出"三四五六"翻转课堂实际操作的"三个翻转、课前四环节、课堂五步骤和六大优势"，从以教师为中心翻转为以学生为中心，从强调知识的传授翻转为强调学生的发展，从教材翻转为用教材，从注重学习结果翻转为注重学习过程，从以教定学翻转为以学定教。

2. 南京市江宁高级中学历史组在校本选修课尝试"师生角色反转，小组合作共赢"，教师居于幕后，学生位于台前。从备课、上课到课后评价均以学生为主体，主要由学生完成。教师在教与学这一系统中，既是引导者、组织者、评价者，又是发现者、学习者。这一实践，既增进了对学生的了解，也明白了教学改革的意义和方向；学生成为课堂的主人，既展示了他们的特长，又在相互的比较、学习中发现了自己的不足，体会到了分享的喜悦，也找到了需要努力的目标。

3. 四川农业大学林学院《反转课堂教学模式提升学生表达能力方法探讨》一文从大学生语言表达能力现状出发，在分析大学生语言表达的种种现象的基础上结合教学实施实践探讨了高校专业课课堂提高学生语言表达能力的对策。利用"反转课堂"教学模式为学生拟定题目、创设情境，促使学生将写作、课件制作和语言训练融为一体，更全面、更直接地提高了学生的逻辑思维能力和语言表达能力。

4. 高中生物也曾在教学中尝试"反转角色，有效教学"——孟德尔的豌豆杂交实验（二）习题课的教学案例（文/张晓俐）

目前，国内对反转式教学模式的研究仍处于尝试阶段，还没有成熟的理论和比较完善的教学实践。中学角色反转教学初步尝试较多，而高校较少。（高校大都以"翻转课堂为主"将教学组织形式从传统式的"课堂授课+课后作业"转变成"课前学习+课上探究"的方式，使师生身份有所转移。）

（二）国外研究现状

国外在反转课堂教学领域影响较大的是：美国日渐流行的"翻转课堂"教学模式，英国"小型研讨会"教学模式，芬兰赋能学生，做"以学生为中心"

的教育——采取实际场景教学法。

1. 美国的"翻转课堂"教学模式

随着互联网的发展和普及，2007年，美国科罗拉多州Woodl and Park High School的化学老师Jonathan Bergmann and Aaron Sams开始使用视频软件录制PPT并附上讲解声音。他们将录制的视频上传到网络，以此为缺席的学生补课。不久他们进行了更具开创性的尝试——逐渐以学生在家看视频、听讲解为基础，在课堂上，老师主要进行问题辅导，或者对在做实验过程中有困难的学生提供帮助。"翻转课堂"这个模式在美国中小学教育中的普遍使用。翻转课堂译自"flipped classroom"或"inverted classroom"，也可译为"颠倒课堂"。翻转课堂式教学模式，是指学生在课前或课外观看教师的视频讲解，自主学习，教师不再占用课堂时间来讲授知识，课堂变成了师生之间和生生之间互动的场所，包括答疑解惑、合作探究、完成学业等，从而达到更好的教育效果。

2. 英国"小型研讨会"教学模式

英国大学正式授课的时间相对较少，学生多数是自学，然后做大量的作业。英国大学强调学生的独立自主性：一方面学生有很大的自由，可以自己安排学习时间、学习方式；另一方面要求学生自律，不荒废时间。英国常见教学方式是小型研讨会。这种方式的讨论会参与人数较少，讲师选择一个题目，要求每个学生都能有一个短暂地在讲台上发言的时间，每个人都可以阐述自己的观点，最后由老师归纳并补充，争论相当激烈。研讨会的目的是学习从不同的角度分析问题。讲师尽力掌控讨论的深度，澄清那些模糊或容易使人曲解的观点。研讨会使学生们不仅掌握了知识，而且还具备了分析问题和解决问题的能力。

3. 芬兰的"实际场景教学法"

芬兰教育是全球比较均衡、学生成绩落差最小的教育体制。芬兰中学生被国际经济合作发展组织评价为整体表现全球第一。芬兰人相信孩子是主动学习者：赋予他们自主权；相信每个孩子都是独立的个体：培养他们生活自理能力，尊重他们想法；相信孩子天生具有玩耍精神：要在做中学，从社会实践中学；相信孩子天生具有好奇心：创造环境让他们探索，与周围世界互动；相信每个孩子都是独特的人：给予他们个性化教学和特殊辅导。中芬对孩子解读的差异，直接影响教育方式的不同。所幸，一切都是变化发展的，芬兰人把学生作为"主动学习者"也是一步步改革的结果。

当教育立足中国放眼世界之际，世界各国虽然存在文化差异，教学模式各有不同，但培养学生自主学习，追求真理、健康的成长的理念是相同的。

四、研究价值

地理课堂角色反转由"填鸭式教学"向"靶向教学"转型，由"片面发展"向"全面发展"转型，由"机械应试"向"深度学习"转型，培养学生自主深入学习、创新意识、创新能力、语言表达能力、洞察力、判断力和教学的组织能力以及师生沟通能力和团队协作精神。

高阶角色反转让学生在课堂上像"老师"一样教学生。为了在课堂上教会别人，展示自己的风采，顶住来自同学和老师审核的压力，授课的学生往往认真准备，精心备课，为了出彩，学生会收集与授课相关的文本、PPT、视频甚至关注与之相关的各种试题。地理课堂角色反转教学促使学生对线上线下信息进行收集、整合、甄别，像老师一样备课和授课，与人深度沟通，使其地理素养、自主学习能力和团队协作能力得以发展，得到班主任、家长和地理组老师的支持。学生在讲授新课的过程中对教学资源不是简单的复述，而是对知识点的精准分析，严密的逻辑推理、恰到好处的语言表达、得体的教态和恰到好处的教学组织能均使学生受到锻炼，学生由原来的被动接收到主动输出并接受同学和老师的审核，考验的是才华和技巧，培养了思考、表达、研究和创造的能力。老师则成为学生课堂实践的引领者和欣赏者，老师亦真正成为学生的导师和成长的见证者。

五、创新之处

通过本课题的研究，改变学生以往的学习方式，改变传统老师的授课模式。老师为学生搭建一个展示学习成果的平台，以微主题的形式采用1—3位事先精心准备的学生与课堂随机抽签的学生相结合的方式，让学生像"老师"一样教其他同学。通过本课题的研究，发挥学生学习的效能，真正发展学生个性，提高学生的能力。转变教师的教学理念，促进教师的专业化发展；增强学科教学的科学性、艺术性和灵活性。

（一）参与课题的学生，不仅会学，而且会教（教会别人）

由于授课的学生必须进行充分的备课才能进行讲授，不是教学资源的简单复述，而是对知识点的精准分析，严密的逻辑推理，恰到好处的语言表达和相应的教学组织。学生由原来的被动接收到主动输出并接受同学和老师的审核，考验的是胆气、才华和技巧。登台授课的学生不仅对这一节课的研究付出的时间多，钻研知识的深度和广度也是其他同学无法匹敌的；同时还要研究如何严密地阐述和准确地表达。课堂角色反转是学生提高学习效率的有效抓手。

参与地理课堂角色反转的学生，不仅会学而且会教，传统课堂的学生，他们对于老师呈现课堂教学内容和方式只是在被动地接受，无法自主选择。传统课堂的学生学习投入少，对知识的广度和深度不及参与地理课堂角色反转的同学。参与地理课堂角色反转的同学在讲授知识的同时更注重语言的表达、语气语调的高低、教学的组织、形体动作的得体和洞察学生对知识的掌握与理解程度，可以提高他们的综合素质。

（二）地理课堂角色反转培养学生的创新思维和创新精神

国内外大部分"翻转"课堂教学不外乎是先学后教（老师教）的"翻转课堂"或者利用碎片化时间进行短视频学习的"慕课"，都是老师设定的视频和知识点，都逃不了按部就班的状况。参与地理课堂角色反转的学生是"用教材"，而不是学教材。在老师的指导下，学生根据国家制定的课程标准对教材内容进行取舍、补充和甄别，形成有效的教学资源。教学资源不是老师设定的，而是学生自己重建的，这本身就是一种创新。

（三）地理课堂角色反转改变教学模式，课堂成为师生合奏的舞台

"授人以鱼，不如授人以渔。"在知识日新月异的时代，知识老化和更新速度越来越快。使学生内化地理学科素养、掌握地理学科的学习方法成为重中之重。随着信息时代到来和学生学习主体意识被唤醒，课堂教学内容已不是教师的权威发布；学生学习的方式产生了巨大的变化，同时带动课堂教学的变革。互联网时代来临，使线上线下自主学习进一步融合成为可能，即使老师不

授课，学生也可以通过互联网，获取各科相应的知识，在老师的指导下，学生自主学习内驱力得以彰显。学生通过靶向有效地"学"并模拟着"教"，教师有效地"导"激活课堂，提升教学质量。地理课堂角色反转改变教学模式，课堂成为师生合奏的舞台！

新高考评价体系进一步聚焦核心素养、引导深度学习，以实现减负增效。地理课堂角色反转教学法，使得学生的学习效率得到显著提高，具有鲜活的生命力，是一种行之有效的地理教学方法。

第二节　实践依据

2020年中国高考新评价体系明确了中学教育的顶层设计——以立德树人为目标，进一步聚焦核心素养、引导深度学习，培养创新型人才。那什么样的课堂更适合地理学习呢？笔者顺应学生的主动请求并尝试在课堂上进行地理课堂教学改革与探索，角色反转的课堂应运而生。笔者根据新课标精神，吸收"知行合一"中国优秀传统教育理论、国外建构理论和美国学习效果转化实践形成"搭·展·评·达——角色反转"，赋能地理核心素养培育。

一、"知行合一"穿越时空

我国著名教育家孔子一针见血地指出学习的方式——"学而时习之，不亦说乎"，当中的"习"不是温习，而是实践。理论学习后要不断实践，难道不是很快乐吗！儒家经典之一《中庸》主张学习要"博学之，审问之，慎思之，明辨之，笃行之"，强调理论学习与实践相结合。明朝王阳明提倡"知行合一"，知是行之始，行是知之成，指出实践是认知的开始，而认知又是对实践的升华。近代教育家陶行知在教学中特别强调"行知合一"，"纸上得来终觉浅，绝知此事要躬行"。学生从"听"到"展示"，看似一小步，实际是一大步；地理角色反转能让学生的内驱力得到充分发挥。

因此，学生知识的积累不能依靠老师灌输，单纯师本课堂，代替学生的思考，拔苗助长，只能培养学习的巨婴。

二、建构主义理论指导

建构主义理论认为，知识是自己建构的。知识不是靠灌输的，是在原来基础上不断积累的；地理角色反转有利于学生建构地理的知识体系、学科方法和地理素养。

地理课堂角色反转能加快学生地理专业知识积累和技能成长，这符合唯物辩证法发展观——事物的发展是由内因决定的，外因要通过内因才能发挥作用。

三、地理角色反转是学生提高学习力的有效抓手

学生知识建构方式是多样的，如认真听讲、仔细阅读、观看图片或影像、讨论交流以及参与实践等等。美国缅因州国家训练实验室对此进行试验研究得出学习效果转化金字塔，学习效果转化金字塔揭示了这样一个道理：在多种学习方式中，做中学的保持率比较高，达75%；而马上应用/教别人效果最佳，学习的保持率最高，达90%。这与我国教育学家陶行知所提倡的"做中学"不谋而合。而学生上课只有听讲，两周后的学习效率只有5%。如图2.1所示：

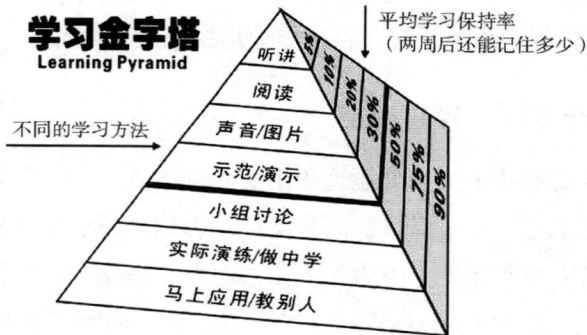

图2.1　学习效果转化金字塔图

从学习效果转化金字塔图可以得出：学生教别人，效果最佳。为什么学生上课听讲的学习效果如此之差呢？当学生听老师授课时，感觉犹如行云流水、轻车熟路，实则老师是经过精心备课后才能达到如此娴熟的程度。正所谓"台上一分钟，台下十年功"。如果学生一直处在这种学习状态，那么最终的学习效益可想而知。

四、新课标——开展思维结构评价

地理学科核心素养的培养实质是思维培养。老师对思维结构的评价参考基于"可观察的学习成果结构"分类理论。该理论将学生学习结果表现出来的思维状况分为无结构（思维混乱）、单点结构（只涉及单一的要点或要素）、多点结构（可涉及多个要点或要素，但无法建立相互之间的关系）、关联结构

（涉及多个要点或要素，而且能够建立合理的联系）和拓展抽象结构（能够更进一步抽象认识或给出老师预想之外的答案）[1]（图2.2）。

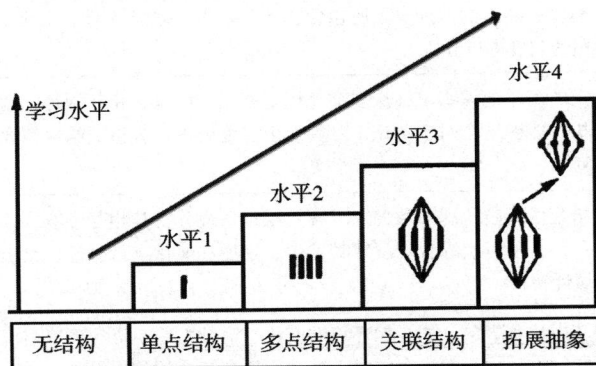

图2.2　Solo分类与地理核心素养水平相对应

地理核心素养水平划分[2]与SOLO（structure of the observed learning outcome）思维等级相对应如下表所示：

表2.1　SOLO思维层级与人地协调观层级相对应

水平	人地协调观	solo思维等级
水平1	能够结合简单、熟悉的地理事象，认识人类活动要在一定的地理环境中开展；能够简单辨识人们生产活动和生活习惯与地理环境之间的联系，说明人类对环境施加影响的方式及其带来的影响	单点结构
水平2	能够结合给定的简单地理事象，理解人类影响地理环境的主要方式，阐述人类活动对地理环境的积极与消极影响；认识人类活动要遵循自然规律，与自然和谐相处，理解人地协调发展的重要性	多点结构
水平3	能够结合给定的复杂地理事象，认识地理环境对人类活动的影响以及人类活动影响环境的方式和强度；理解自然资源和地理环境满足人类需要的潜力及有限性	关联结构
水平4	能够通过对现实中人地关系地域系统的简要分析，理解区域中人口、资源、环境、发展之间的相互关系，理解人地关系是对立统一的；评价分析人地关系中存在的问题	拓展抽象结构

[1] 教育部. 普通高中地理课程标准（2017年版2020年修订）[S].北京：人民教育出版社，2020：39-40.

[2] 教育部. 普通高中地理课程标准（2017年版2020年修订）[S].北京：人民教育出版社，2020：58-59.

表2.2　SOLO思维层级与综合思维水平层级相对应

水平	综合思维	solo思维等级
水平1	能够说出简单、熟悉的地理事象所包含的相关要素，并能从两个地理要素相互作用的角度进行分析	单点结构
水平2	能够对给定的简单地理事象，从多个地理要素相互影响、相互制约的角度进行分析；能够结合时空变化，对其发生、发展进行分析，给出简要的地域性解释	多点结构
水平3	能够结合给定的复杂地理事象，综合各要素，系统分析其相互影响、相互制约的关系，从时空综合维度对其发生、发展和演化进行分析，给出合理的地域性解释	关联结构
水平4	能够对现实中地理事象，如自然环境的变化、区域发展、资源环境与国家安全问题等，运用要素综合、时空综合、地方综合的分析思路，对其进行系统性、地域性的解释	拓展抽象结构

表2.3　SOLO思维层级与地理实践力水平层级相对应

水平	地理实践力	solo思维等级
水平1	能够进行初步的观察和调查，获取和处理简单信息，有探索问题的兴趣；能够借助他人的帮助使用地理工具，设计和实施地理实践活动，从体验和反思中学习；能够理解和接受不同的想法，有克服困难的勇气并寻找方法	单点结构
水平2	能够进行细微观察和调查，获取和处理信息，有探索问题的兴趣；能够与他人合作使用地理工具，设计和实施较复杂的地理实践活动，主动从体验和反思中学习；能够有自己的想法，有克服困难的勇气和方法	多点结构
水平3	能够进行分类观察和调查，获取和处理较复杂的信息，主动发现和探索问题；能够与他人合作设计和实施较复杂的地理实践活动，主动从体验和反思中学习；能够有自己的想法，有克服困难的勇气和方法	关联结构
水平4	能够进行较系统的观察和调查，获取和处理复杂的信息，主动发现和探索问题；能够独立设计和实施地理实践活动，主动从体验和反思中学习；能够提出有创造性的想法，有克服困难的勇气和方法	拓展抽象结构

表2.4 SOLO思维层级与区域认知水平层级相对应

水平	区域认知	solo思维等级
水平1	能够根据提示，将简单，熟悉的地理事象置于特定区域中加以认识；能够认识和归纳区域特征	单点结构
水平2	能够从区域的视角认识给定简单地理事象，收集整理区域重要的信息；能够简单解释区域开发利用方面决策的得失	多点结构
水平3	能够结合给定的复杂地理事象，从空间—区域尺度、区域特征、区域联系等认识区域；能够为赞同或质疑某一区域决策提出相关论据	关联结构
水平4	能够对现实中的区域地理问题，运用认识区域的方法和工具进行分析；能够较全面地评析某一区域决策的得失，提出较为可行的改进建议	拓展抽象结构

综上所述，SOLO思维层级与核心素养水平层级具有一致性，同时solo思维层级更具有概括性。SOLO思维层级更有利教师和师生进行及时评价，更具有可操作性。在地理课堂运用SOLO分类评价学生所处的思维结构层次，关注的是学生地理学习中表现出来的思维结构的个体差异。教师可以观其行，诊其知。有助于教师把握不同学生的学习状态，使后续的教学设计能够更有针对性地促进学生地理学科核心素养的形成。

第三节　创新教学模式
——角色反转赋能地理核心素养培育

高考新评价体系下普通高中地理课堂角色反转的教学研究，开创了撬动教学新模式："搭·展·评·达"——地理角色反转赋能地理核心素养培育。本成果贯彻国家教育方针，在减负增效的背景下，教师以新课标、新课程和高考新评价体系理念为指导，践行"立德树人"的根本任务和时代精神，培养学生地理核心素养。角色反转是支点，"搭·展·评·达"是联动的教学过程，实现教、学、评、达一体化。通过角色反转，学生克服了学习障碍，获得学习成功，体验学习带来的快乐。地理课堂角色反转赋能学生课堂内外自主学习，激发学生学习地理兴趣；本课题让学生通过锻炼达到启智润心掌握学科素养，助力学生成长！

为了调动学生学习的积极性，在地理课堂上，老师提供平台把学生反转成"老师"，创造机会让学生表达自己的理解，从而让学生自己发现自己的短板或长处，同时获得师生的点评与帮助，最终达成学习目标的教学方式，简称为地理课堂角色反转教学模式。具体教学模式如下图2.3所示：

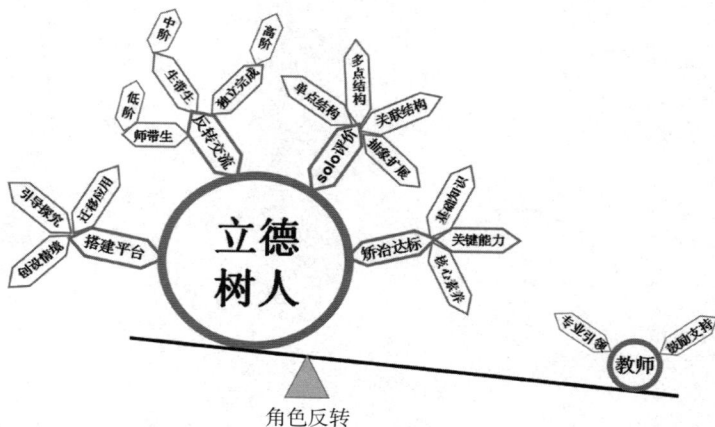

图2.3　搭·展·评·达——角色反转赋能地理核心素养培育教学模式图

角色反转是支点，"搭·展·评·达"是教学耦合联动过程，同学是同伴互助，教师专业引领，最终达成学习目标。该模式助力实现"教""学""评""达"一致性，助力地理核心素养培育，最终实现立德树人教育的根本任务。

一、角色反转是支点

角色反转是撬动学生立德树人的支点，通过角色反转，改变师本课堂的理念，让学生成为学习的主人，把学习的主体遴选出来，直面学生学习的内容。地理课堂角色反转教学模式让学生在课堂上有表达自己见解的时间，允许学生有错误的空间，教师创设情境调动学生思考、表达、论证来展示自己的才学。

二、"搭·展·评·达"是"教""学""评""达"耦合联动过程

（一）"搭"——教师搭建平台

教师创设与课标相吻合的情境，搭建平台为学生创造交流展示的机会。如某个事物、某个想法、某个定义、某个问题或者某个措施等生产、生活和生态情境，只要能够让学生思考并进行表达交流，都是好的平台。老师搭建平台引导学生思考，发现学生所处思维障碍，在老师带领下，一起发现问题，一起解决问题。学生所获取的知识和技能不是别人奉送的，而是自己通过努力获取的，不仅印象深刻持久而且享受到学习的乐趣，掌握地理学科学习方法和规律，地理学科的核心素养悄然形成了。课堂纵向上，教师以问题链的形式融合在教学三环节：创设情境、引导探究、迁移应用（简称课堂教学三部曲）层层递进，为学生角色反转搭建平台。

教师搭建平台，让学生有机会"班门弄斧"；同时，洞悉学生学习优缺点并进行针对性点拨。教师由填鸭式的满堂灌教学模式中解放出来，教师成为学生成长的诊断者、促进者。"搭"——立德树人教学理念落地的奠基石。

（二）"展"——学生登台展示交流

在课堂上，学生针对老师提出的问题进行登台展示交流，学生由知识单向输入为主的听讲模式转变成思辨、论证和表述的模式。学生通过登台展示交流锻炼，学生的学习方式和效果悄悄发生变化：从坐而受教到侃侃而谈，从"迷茫、朦胧、困惑"到"明晰、认同、建构"。学生改变的是学习的方式，获得

的是实际提升；聚焦学科知识、重塑教育价值。此时，地理课堂从"师本课堂"到"生本关怀"再到"生命体验"。"展"——让学生成为学习的主人，奏响学习主体性和过程性的最强音。

地理角色反转根据学生参与的水平可以分为低阶、中阶和高阶三个层级。低阶反转，课堂上以教师为主体，教师带领学生；学生以跟跑形式完成学习任务。教师以设置问题链的方式启发学生答题。中阶角色反转则以学生为主体，优秀学生可以帮助困惑的学生解答问题，以学生的视角和思维达成共情的学习效果。高阶反转——微主题学生反转。教师把课标分解成若干主题，由学生登台来讲述。参与高阶反转的学生必须课前完成相应知识点学习并做成课件再登台展示，课堂上接受老师和同学的诊断、评价与指导。响起的阵阵掌声，就是同学们最佳的鼓励与赞许！当面对同样的教材和同样的知识与原理，不同层次的学生表现的差异性在班级就会激起涟漪：优秀学生的表现，赢得老师和同学的肯定和赞许；后进的学生在"正能量"的引领下也跃跃欲试，你追我赶的地理学习氛围就形成了！地理课堂高阶角色反转就是针对某个知识点，学生在课堂上模拟教师"授课"；高阶角色反转锻炼学生语言表达能力，培养学生地理核心素养，展示学生的风采，深受学生喜爱和家长的支持。"搭·展·评·达"角色高阶反转模式图及细化图如图2.4、图2.5所示。

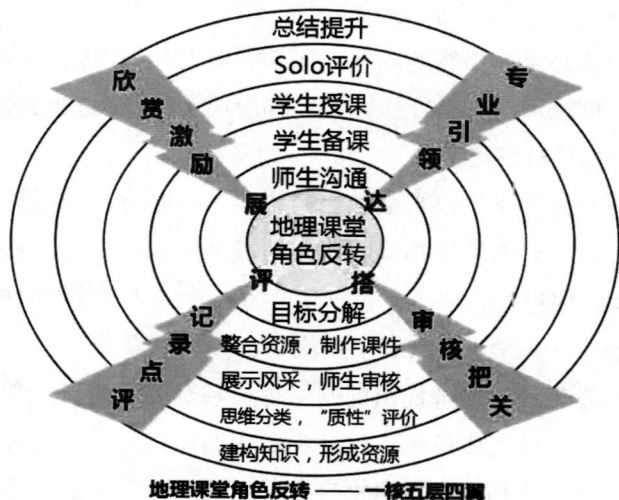

图2.4 "搭·展·评·达"角色高阶反转模式图

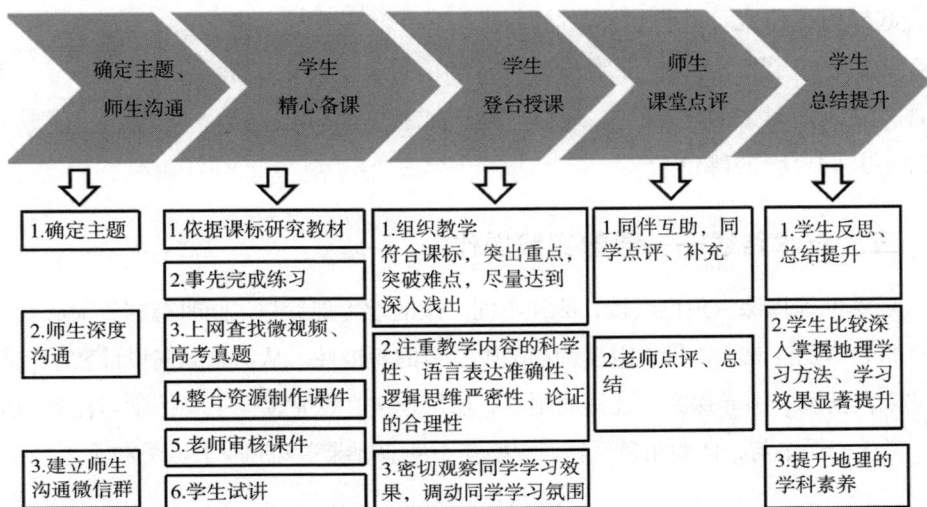

图2.5　地理课堂角色高阶反转细化图

（三）"评"——采用SOLO思维分类"质性"评价

"学而不思则罔"，学习的本质就是思维进阶。SOLO思维分类理论由澳大利亚学者约翰·比格斯创建，以等级描述为特征的质性评价方法。该理论把思维结构分成五个层次，如前文图2.2所示。

学生回答问题对应思维结构由低到高的五个等级，当学生思维处在无结构时，说明学生对此知识不了解；单点结构和多点结构是思维的低价水平；关联结构（具有因果论证关系或知其然亦知其所以然）和抽象扩展结构（从已知情境迁移到陌生情境）是思维的高价水平。师生共同对学生回答的问题进行快速评价，诊断学生回答问题的思维水平。当学生回答问题处在前结构或低阶思维结构时，说明要调整学习态度，好好学习；当学生回答问题处在高阶思维结构时，说明该问题难度较大，不要让学习因学习困惑而产生较大的挫败感。此时，正是师生共同探究新课知识的最佳时机，正如《论语》所说的"不愤不启"。在教师专业引领和鼓励下，学生克服了学习障碍，获得学习成功，体验学习带来的快乐。

（四）"达"，达成教学目标

学生的课堂学习就是以角色反转为支点，纵向上层层递进，由浅入深；横向上任务目标各个达标。学生若是处在某个未达标思维水平，就需要老师和同学一起探讨、研究，获得矫治后才能进入下一个环节。

教师的"搭"是地理课堂角色反转的前提，学生的"展"引发"评"，由"评"带动有针对性"教"，最终"达"成教学目标。这样，地理课堂就成为了师生共同合奏的舞台。

三、技术路线——课堂实践操作

成熟的地理课堂角色反转，能让不同层次的学生都参与，同时有利教师从点、线、面立体把控课堂，最大限度调动学生学习的积极性。从课堂纵向设计教学三部曲"创设情境、引导探究、迁移应用"，层层递进；课堂横向上，按学习任务的难易，学生分层参与，体验角色反转。纵横交织的地理课堂就形成了（图2.7）。

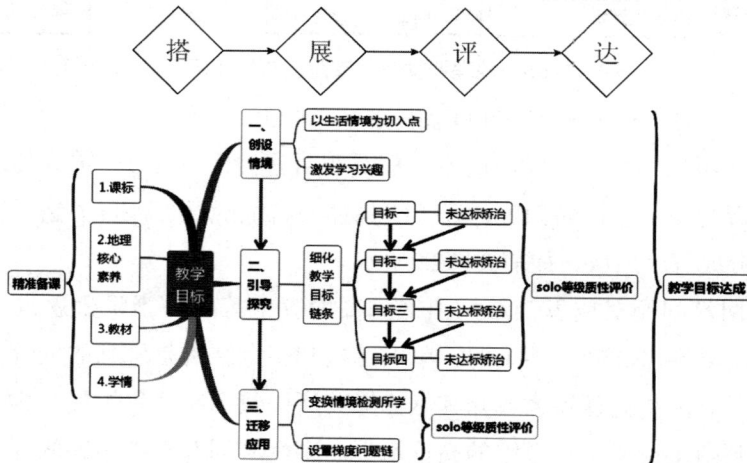

图2.6　纵横交织——角色反转课堂模式

知是行之始，行是知之成，因此师生鉴其行，而察其知，诊其惑。教师引领同学评定其思维等级并阐释为同学解惑，以点带面形成地理核心素养的培养体系、进行地理关键能力的训练。在老师的启发下，思考成为学习的常态，SOLO思维等级高低成为衡量学习深浅的标尺。角色反转以学生为中心，学习达成的过程是教学改革理念落地的关键点。

四、研究结论——成果主要解决的问题

"搭·展·评·达"——地理课堂角色反转开创了地理教学的新模式，赋

能学生课堂内外自主学习，激发学生学习地理兴趣，培养学生地理素养，促进学生立德树人。该模式鼓励学生展示自我、解困学生思维障碍、欣赏每位学生的闪光点；唤醒学生学习的内生动力，激发学习的积极性，让学生从成功走向成功，让学习成为一个享受的过程。

成果主要解决的问题如下：

（1）解决传统课堂"老思想"的理念问题。旧理念以师为本，以填鸭式课堂满堂灌，而忘记教育的初衷立德树人、培养学生、唤醒学生学习的内生动力。"搭"就是由师本课堂转向生本课堂的开始。

（2）解决学生学习过程性不足的问题。通过"展"，学生有机会进行交流展示，通过展示交流，师生可以发现学生回答问题所处的思维水平，调动学生学习的内生动力。

（3）解决课堂快速"质"性评价不足的问题。学习的本质是思维进阶，solo分类评价就是对学生的思维结构进行评价。具有快速、及时、易学等特点，适合课堂及时评价。

（4）解决学生课堂达成不足的问题。学生课堂学习是否达标是角色反转课堂所关注的问题，学生通过反转，老师、学生可以有针对性地进行指导，最终达成预期效果。

五、角色反转实践反思

漳州市第二中学（闽南师范大学附属中学）是福建省二级达标校，高中学生的生源在学习的主动性和积极性方面无法与省一级达标校相提并论；高中科目众多，由于学生的基础较薄弱，数学、英语、语文、物理、化学、生物等学科占据学生大部分课外时间，留给地理的课外时间少之又少；再加上地理是文理兼容学科，空间跨度大，学习难度较大。尤其是高中地理学习，学生在学习的过程中常常有挫败感，导致学习地理缺乏成就感，学生往往厌学和怠学。有什么方式可以改变目前学生的学习状况呢？如何提高学生地理学习的积极性、主动性和高效性，这是摆在一线教师面前亟待解决的问题。

随着高考新评价体系、新课程，新教材，2021年双减政策的落地，国家配套改革逐步实施：

1. 课题研究往纵深方向发展：各个年段落实，让每一位学生都参与课题研究，让每位从不了解—初步尝试—体验收获—进一步尝试—走向成功—自觉实施—习惯养成（学会预习"收集资料"整理材料"制作课件"清晰表述，与师生交流"总结提升"获得成功）。

2. 从课件制作到习题搜集和命制，达到培养学生"学—教—评—达"一体化；从孤立单课学习到单元学习再到整部教材的学习，从而打造学习体系。

3. 教学研究由45分钟的小课堂延伸到大课堂（第二课堂）。围绕立德树人，引导学生自主学习助力学生成长，结合国家时政热点和地理学科特色，可以开展形式多样的活动，如增加学生演讲比赛、课件制作比赛、习题制作比赛、主题授课比赛。

4. 漳州二中地理课堂角色反转教学模式，率先在高中部启动，由高中向初中拓展，带动整个地理组教学改革。

六、教学建议

（一）针对已有研究的缺陷，提出需要改进的事项

1. 个别教师没有领会中国教育配套改革的目的与意义，依然穿新鞋走老路；以教师讲授为主的教学方式依然涛声依旧，不想变革，害怕改变教学方式可能产生不良的效果。

2. 课题实施初期，由于平时都是老师讲课，学生听课，老师要求什么作业，学生就做什么作业，学生处在按部就班、不需要考虑知识学习的量与质；知识的表达与论证。再加上有的班级新的教学改革思想动员没有到位，有的学生对很多新的课题的目的与意义不太清楚，对课题的实施有抵触情绪，他们担心学生授课表述没有老师精炼和权威，对课题的实施有顾虑。

3. 地理课堂角色反转高阶教学模式在初期阶段师生投入精力是常规课堂的3至4倍，培养学生对信息的收集、整合、甄别的能力，像教师一样备课和授课，要耗费较多的精力。因此，在实验初期，师生一定要统一认识，加强师生深度沟通，提前做好准备工作。

4. SOLO思维分类评价可以和智慧课堂相结合，让课堂的学习评价实现人机结合，把定向评价与定量评价无缝对接，有利师生更清楚把握课堂学生学习

达成状况。

（二）根据研究结论获得的启示

高考新评价体系下普通高中地理课堂角色反转的教学研究，开创了撬动立德树人的教学新模式："搭·展·评·达"——地理课堂角色反转。其创新性主要体现为以下两点：

1. 角色反转聚焦生本理念落地新机制

生本理念属于顶层设计，地理课堂角色反转落地课堂教学的新模式，目的是解决传统课堂"老思想"的理念问题。地理课堂角色反转是撬动学生学习生命的支点，极简的策略，却有极致的效果。课堂角色反转值得同类院校复制和学习。

2. "搭·展·评·达"凝练人才培养操作模式

"搭·展·评·达"四位一体，凝练人才培养的具体操作。"搭"——教师搭建平台，为课堂教学保驾护航。"展"——学生有机会进行交流展示，师生可以发现学生回答问题所处的思维水平，调动学生学习的内生动力。解决学生学习过程性不足的问题。"评"——SOLO思维分类评价，具有快速、及时、易学等特点，适合课堂及时评价。SOLO分类评价与学生学习过程相结合，解决课堂快速"质"性评价不足的问题。"达"——学生学习达成预期效果，解决学生课堂达成不足的问题。"搭"是"展"的前提，"评"是为了诊断，师生帮忙矫治而"达"成预设目标。

本课题在教育改革实践上取得实质性突破，实践性和创新性强。搭·展·评·达——地理课堂角色反转教学模式，简单易学，经济成本低，极简的策略，却有极致的效果。课堂角色反转对基础教育教学具有引领示范作用：不仅适用地理学科，也适用各学科、各层次的学生；不仅适用中学，也可用于小学和高校。课堂角色反转教学成果具有可复制强和推广性广的特点。

第三章 历程——厚积薄发

笔者前期丰厚的教研积淀，为新的教学模式的形成提供了坚实的实践基础。从研究如何"教"到研究如何"学"，一步一步走来！该成果研究经历了教研孕育期、探索期、发展期和完善期四个阶段。

第一阶段 孕育期——如何"教"（2012—2016）

成果的孕育期经历了一段相当漫长的探索，重点研究教师如何"教"。教师深入研究课标，解读课标；研究教材，把握教学的重点和难点并能突出重点、突破难点；锤炼语言，注重教学内容的承转、过渡。预设教学目标，把握教师授课的科学性、准确性和生动性，坚信能感动自己的，一定能感动学生。

第二阶段 探索期——如何"学"（2016—2019）

成果的探索期，教师开始人文关怀。教师关注学生如何"学"，学生的身心状况，知识掌握的现状；学生学习的瓶颈、盲点和困惑点以及学生的兴趣点。以学生的视角来审视教材，探索学生兴趣点来对接教学，从而提高学习效率。地理课堂角色反转助力学生核心素养培育成为重要的课题。2020.09—2022.09，笔者主持福建省教育科学"十三五"规划课题"高考新评价体系下普通高中地理课堂角色反转的教学研究"。以此为契机，笔者加强生本关怀的研究，并取得初步成效！

第三阶段　发展期——如何"评"（2019—2021）

2019年，教育部主导的新高考评价体系问世，在教育系统掀起过程性评价的浪潮。在生本关怀的基础上，进一步对学生学习情况进行及时有效评价。普通高中地理课程标准鼓励一线教师在期中考和期末考终结性评价的基础上尝试运用学生思维结构评价，SOLO思维分类评价的课堂应运而生。2020.12—2023.08，笔者依托福建省第四批高中地理基地校，主持2020年福建省基础教育课程教学研究立项课题"SOLO分类视域下地理课堂学习评价的实践研究"（立项单位：福建省普通教育教学研究室，立项批准号：MJYKT2020—062）。solo思维分类理论的学习，solo思维分类与地理核心素养的对接、课堂评价的实施、评价量表的开发、课后作业的设计以及试卷命制都成为思考和研究的内容。经过两年多的学习、实践和探索，尤其是"双减"背景下，solo分类评价，更有利学生减轻作业负担，教师精准布置作业——减负增效提质更是独树一帜！solo思维分类评价进一步助力学生核心素养的培育！

第四阶段　完善期——如何使"教""学""评""达"联动（2021—2023）

笔者在教学中研究，在研究中教学，不断思考，不断学习。笔者综合教研孕育期、探索期、发展期三个阶段的成果，最终要促进学生知识掌握、能力提升和素养的培育，形成"教""学""评""达"联动一体的创新教学模式。既响应福建省教科研的"教""学""评"一致性，又增加"达"的实效；既有教学战略上的考量，又有教学战术上的实施——"教"对应"搭"，"学"对应"展"，"评"对应solo思维分类评价，"达"对应地理核心素养达成。"搭""展""评""达"联动一体，该成果凸显学生的主体地位，有利于学生启智增慧、培根铸魂，推动育人方式变革，着力发展学生的核心素养。

第一节 孕育期——如何"教"（2012—2016）

一、创设情境 引导探究 迁移应用——地理课堂教学三部曲

在新课改背景下，如何改革课堂教学和提高教学效率已成为广大教师深入思考的一个重要问题。基于时代的要求和新课程的标准，在地理生本课堂中实施"创设情境，引导探究，迁移应用"的三部曲模式，不仅有助于教师转变教育观念和促进专业成长，而且有助于学生掌握学科理论知识和发展探究迁移能力。

（一）地理课堂教学三部曲模式的提出

课堂是教学的主阵地，课堂教学是课程改革的核心问题。因此，在课堂教学中如何提高教学效率？什么样的课堂能真正发挥学生学习主动性？是每一位教师应该认真思考的问题。

1. 传统课堂教学模式教学效率差

自新课改以来，许多教师依然"穿新鞋走老路"，致使学生仍然被动听课、机械记忆，忽视学生学习的主体性。美国缅因州国家训练实验室提出学习效果转化金字塔，它揭示了这样一个道理：如果学生单纯听教师讲授，忽略学习是学生自己建构的，那么两周后学习效果转化只有5%，教师辛辛苦苦教学的95%付诸东流。

2. 时代呼唤课堂教学模式的变革

当前世界教育观念变革的主题是人的发展。我国《基础教育课程改革纲要（试行）》也指出：注重培养学生的独立性和自主性，课堂教学中应将学生置于学习的主体地位，让学生积极参与、主动探究、体验感悟知识的形成过程，并获得积极的情绪情感体验。"为了每一位学生的发展"成为新课程的核心理念。时代要求为学生设计的教育，学习过程不是简单的教师向学生传授知识的过程，而是在自己原有的知识背景基础上自己主动建构的过程。老师充分利用各种教学资

源，创设学习情境，设计组织课堂活动，帮助学生实现对知识意义的有效建构。

3.新课改为教材整合提供广阔空间

践行新课程背景下，不仅为教师提供了开放的课程观，而且为教师提供了思考和实践的契机。"教不研则空，研不教则虚。"教材只是教学的载体，教师透过教材的窗户看到外面更精彩的世界。教师要结合自己学科的特点，根据学生的实际情况、本校或当地的地理教学资源，整合出最适合学生学习的学科课程资源。

（二）地理生本课堂三部曲模式的实施

所谓"创设情境，引导探究，迁移应用"，是指教师创设教学情境，引导学生探究，迁移应用所学的知识原理的地理生本课堂教学三部曲模式（见图3.1）。其中，创设情境是一节课的开端，通过创设情境对一节课的学习起到抛砖引玉的作用。引导探究是指以教师为主导，通过设问，层层递进，引导学生建构知识，突破难点，突出重点。迁移应用是指教师根据本节课知识和原理，再创设新的情境，循序渐进地引导学生迁移应用，检测所学的知识和原理。

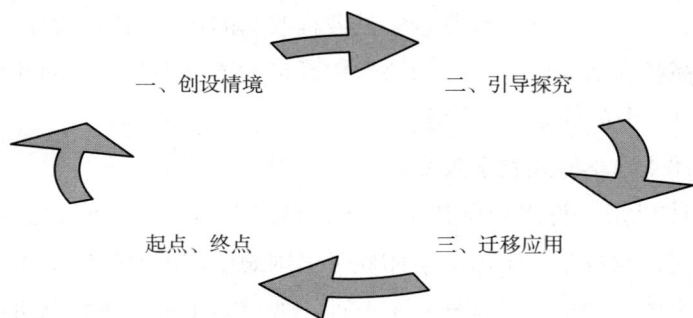

一、创设情境　　　　二、引导探究

起点、终点　　　　三、迁移应用

图3.1　课堂教学三部曲

1.创设情境

（1）为什么要创设情境。我国著名教育家陶行知先生有过一个精辟的比喻："接知如接枝"，也就是说"我们要以自己的经验做根，然后别人的知识方才可以接得上去"。基于强调学生的直接体验，在课堂教学活动中教师要充分关注学生的主体地位，发挥学生的主动性。对教材的二度开发而创设的教学情境，能增强学习的针对性，激发学生的学习兴趣，使学习更为有效。

（2）怎样创设情境。创设情境必须根据教学的需要、学生心理发展的水平及实际的可能性。根据课堂教学需要，教师可以创设最适合每一节课的教学情境，提高课堂学习的趣味性和科学性。根据教学情境种类的不同，具体可分为：生活情境、问题情境、故事情境、音乐情境、谜语情境等。

从信息传输效果可知：视觉的感知效果最高为83.5%，其次为听觉11.0%。因此，教师通过视频情境再现，就能够化难为易，化枯燥、抽象为有趣、形象，催生学生学习的内生动力。此外，创设情境可以先入为主，能够迅速地把学生带到不同地域的人文环境之中。

（3）创设情境应注意的事项。

①要为教学服务，而不能喧宾夺主。创设情境的目的是导入新课学习，具有抛砖引玉的作用。创设情境时间不宜过长，应在5分钟左右；情境数量要适当，不是越多越好。创设的情境太多太长，就会喧宾夺主、本末倒置。

②紧扣课标，适合学情。在创设情境的过程中，教师一定要紧扣课标，明确适合学情的教学目标，摆脱教材的束缚。教师要预知学生学习的难点、发展点、兴趣点，带领学生探究真理，不是奉送真理。

③利用多媒体辅助教学。多媒体辅助教学可以有效整合文字、图形、声音、动画、远距离互动传输等。它丰富了教学手段，增强了教材的可视性和直观性，弥补了常规教学无法达到的生动、有趣的效果，让学生在直观形象中学习地理知识。

2. 引导探究

（1）什么是引导探究。引导探究是在教师引领下，根据课标要求层层设问，以达到突破教学难点，把握教学重点，达到完成学习任务的目标。

（2）为什么要引导探究。"授之以鱼，不如授之以渔。"教育不仅仅是要让学生学习大量的知识，更重要的是要让他们理解学习学科素养的过程或方法。《地理课程标准》强调："培养学生的地理实践能力和探究意识"，"问题"是探究的重要驱动力。因此，教师要善于重组教材，将学习内容转化为"问题"，并让学生在对问题的探究中，学会独立思考，体验解决问题的过程，逐步学会分析问题和解决问题的方法。

（3）怎样引导探究。

①解读课标——准确把握课标。认真解读课程标准，准确把握三维目标并以课标为准绳统率每一节课堂教学。这不仅使教学内涵比以往更充实、更丰富、更全面，也使学生体验探索知识的过程，还使教学层次立体化。

②了解学情——培养学生学科素养。为了培养学生的地理素养，引导学生探究活动，教师要了解学生哪些知识已经掌握，哪些知识经过探究学习可以掌握，哪些知识在目前状况下怎么努力也掌握不好。已经掌握的知识或难以掌握的知识可以少讲或不讲，哪些知识经过探究学习可以掌握就是学生最近发展区的知识，必须进行深入探究。只有这样，学生在学习过程中才能体验到学习的喜悦，从而进入学习的良性循环。

③吃透教材——把握重点和难点。教师对教材的重点和难点应该"了如指掌"，做到心中有数，这是上好一节课的前提条件。为了突破难点，结合学生实际情况，教师要设计问题，循序渐进地引发学生的思考，调动他们的知识储备，并通过个人思考或与小组合作来解决问题。最终达到培养学生学科素养的目的。

（4）引导探究应注意的事项。探究难易要适中，探究要循序渐进。太难的探究对学生而言是不切合实际的，会伤害学生学习的积极性。但是，太简单的探究也不能引起学生的兴趣。探究的过程要先易后难，逐级递进，直至完成学习任务。

3.迁移应用

（1）什么是迁移应用。迁移应用，是指学生把知识和原理灵活应用到新的情境中。迁移应用类型可分为课内基础知识迁移应用和能力迁移应用。基础知识迁移应用，就是基础知识简单的搬家，一般是简单再现知识；能力迁移应用，就是基础知识和原理转化成解决实际问题的能力。

（2）为什么迁移应用。

①检测学习成果。迁移应用就是考查学生是否能掌握学习内容。地理知识原理最终也要学以致用。学生学习知识，目的也在于应用。应用知识解决问题既能检验学生对知识的理解，也能使学生加深理解和巩固知识。在检测学习成果中，答对将有利于继续学习，产生学习的良性循环；答错将引发进一步的探究，直至找到正确问题的方法。通过迁移应用，可以及时反馈教师的教学效果和学生掌握知识的情况，从而使教师对教学难度进行及时调整。

②高考测试要求。迁移应用也是能力的体现。在高考中，要求坚持能力立意，注重考查考生运用学科知识和方法分析、解决实际问题的能力。测试形式和试题角度新颖，灵活多样，也就是设置新的情境，以考查学生对主干知识的

掌握与应用能力。

（3）怎样迁移应用

①先易后难，循序渐进。一是根据课标要求掌握的基础知识迁移，一般以填空题、选择题形式出现，难度较低，要求每个学生必须掌握。二是根据学习重点的知识迁移，可以是读图题或综合题，涉及教材重点知识和原理，要求学生能够掌握。三是能力迁移应用，将传统的学科课程加以重新组合，把学科知识转化成学生解决问题的资源，即设置新的情境，引导学生进行新的探究。要求优秀学生掌握、普通学生理解，这是难度较大的迁移应用。

②迁移应用一般在一个新的知识点结束后进行。其效果最佳。一个新的知识点结束，学生的思维处于高度活跃状态之中，不断检测自己的学习成果。所以，一节课往往有多个迁移应用，有小迁移应用，也有大迁移应用。

（三）地理生本课堂三部曲模式的课例

以"气压带风带"教学为例，如何在地理生本课堂教学中体现"创设情境—引导探究—迁移应用"三部曲模式。本部分采用人教版《普通高中课程标准实验教科书地理必修Ⅰ》第二单元第二课"气压带和风带"为例加以说明。课程标准："绘制全球气压带、风带分布示意图，说出气压带、风带分布、移动及其对气候的影响。"教学重点：低空7个气压带和6个风带分布规律。教学难点：三圈环流的形成过程。

1. 创设情境（制造悬念，3分钟）

历史回眸—— 纵火"怪客"：1942年，日本利用"风战" 纵火。日本制作"气球风船"，携带燃烧弹到高空，两三天飘到美国后降落，使得美国森林大火此伏彼起，防不胜防。

思考：日本的气球是如何飘到美国的？（制造悬念），引导新课学习。作用：增加趣味性、生动性，调动学生的积极性。（科技一旦被反动势力所掌握，则后患无穷！）

2. 引导探究（30分钟）

温故而知新（热力环流定义和作用）

探究1："热力环流"的下垫面变成地球时绘制全球"热力环流"图。

结论：热力环流的下垫面变成地球时形成单圈环流。课件展示（如下图3.2）

变式拓展：（由平面→球面）

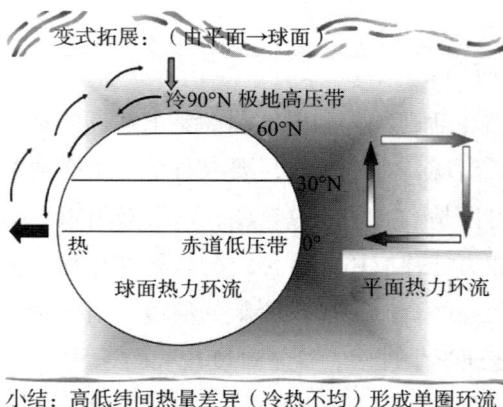

冷 90°N 极地高压带
60°N
30°N
热　　　　　赤道低压带 0°
球面热力环流

平面热力环流

小结：高低纬间热量差异（冷热不均）形成单圈环流

图3.2　北半球热力环流图

探究2：单圈环流是否存在？为什么？

理想条件
a.地球不自转
b.地球不公转
c.地球表面是均匀的

结论：不存在。因为单圈环流是在理想条件下发生的。

探究3：否定地球不自转，那么大气环流将发生什么变化呢？

以低纬环流为例，地转偏向力如何影响大气水平运动？

结论：地球自转形成地转偏向力产生三环圈流。课件展示（如下图3.3）

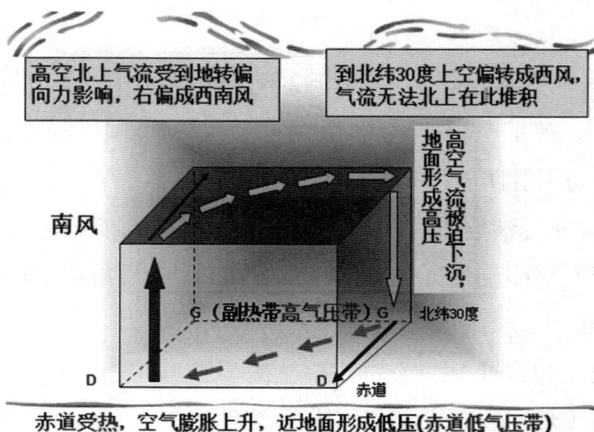

高空北上气流受到地转偏向力影响，右偏成西南风

到北纬30度上空偏转成西风，气流无法北上在此堆积

南风

地面形成高压
高空气流被迫下沉，

G （副热带高气压带）G　北纬30度

D　　　　　D　赤道

赤道受热，空气膨胀上升，近地面形成低压(赤道低气压带)

图3.3　北半球低纬环流立体图

探究学习突破难点：三圈环流的形成过程。（见图3.4）

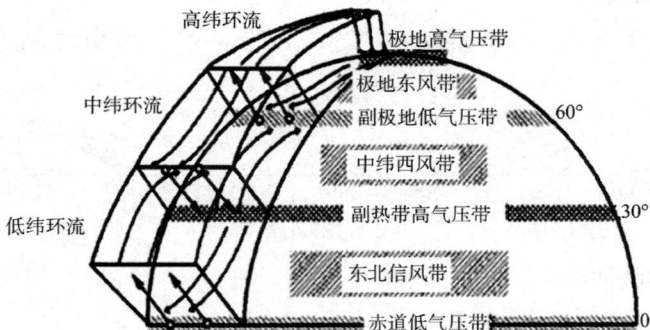

图3.4　北半球环流立体图

探究4：否定地球不公转，那么三环圈流将发生什么变化呢？

结论：气压带风带随太阳直射点南北移动。

探究5：否定地球表面是均匀的。

结论：大陆西岸形成三圈环流，大陆东岸形成季风环流。

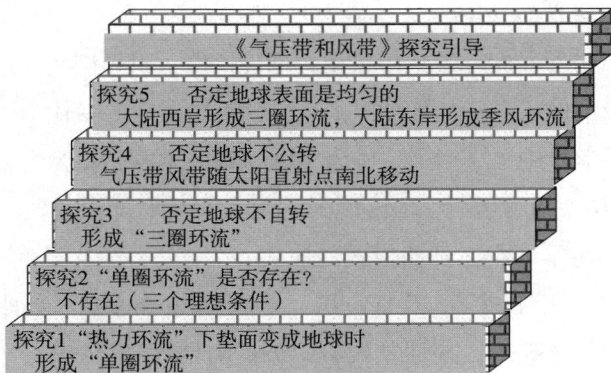

图3.5　《气压带风带》探究引导示意图

归纳小结：教师通过引导学生层层探究，剥丝抽茧，去伪存真，最后探明大气环流中大陆西岸三圈环流和大陆东岸季风环流同时并存。

（四）迁移应用（12分钟）

三圈环流是本节重点和难点，也是高考的考点，迁移应用可以检测学生学习成果。在迁移应用中，要根据时间长短和知识的难易程度设置题目。

（1）根据课标要求学生掌握近地面7个气压带和6个风带，因此请学生将三圈环流及全球气压带和风带默画到作业本上，师生共同完成三圈环流图示，重点掌握近地面7个气压带、6个风带。

（2）读图探究，在下图找出与7个气压带、6个风带相对应的位置。

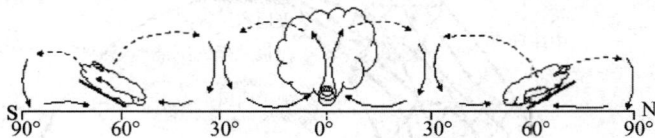

图3.6

（3）实战演练。

①日本纵火成功的原因？

结论：利用西风把带有定时装置的燃烧弹从高空飘向美国进行纵火。

②应用学过的季风环流原理，推断郑和下西洋出发和返回时的季节？

郑和下西洋出发时是冬季，因为冬季东亚盛行西北季风，顺风顺水，航行省力而速度快；回国时是夏季，夏季东亚盛行东南季风，顺风顺水，航行省力而速度快。

通过精心设置迁移应用题，由浅入深，循序渐进，再次调动学生学习的积极性，及时检验所学的知识。

"气压带风带"在课堂教学中采用"创设情境，引导探究，迁移应用"的三部曲模式，创设情境——让学生动（动心）、引导探究——让学生探（探究）、迁移应用——让学生用（应用）。学为主体，教为主导，疑为主轴，动为主线。与此同时，教师及时了解学生知识的建构过程和学生对知识原理的掌握情况。

（五）地理生本课堂三部曲模式的成效

"创设情境，引导探究，迁移应用"的地理生本课堂三部曲模式是一种具有极强操作性的教学模式，在课堂教学中被证明是行之有效的。

1.促进教师教育观念的转变

通过"创设情境，引导探究，迁移应用"，教师的教育观念得到了转变。在地理生本课堂三部曲模式中，教师确立了"一切为了学生"的价值观、"高度尊重学生"的伦理观，对学生的学习潜能、对学习的本质、对教学的功能以及对课程的实施原则等有了一个全新的认识。

2.有助于学生学习成绩的提高

"创设情境，引导探究，迁移应用"的地理生本课堂三部曲模式在笔者的教学实践中有利于提高学生的成绩。例如，2012年，笔者所任教的班级在本校高考成绩同年级中名列前茅，所任教的高三（8）班高考本科上线率达100%；2015年，笔者所任教的班级高三省质检成绩在全市高三省质检成绩质量分析会上受到表扬，所任教的高三（5）班高考本科上线率达100%；2016年、2017年，所任教的班级高二地理会考成绩及格率100%、优良率100%，在本校同年级各科会考成绩中及格率、优秀率名列前茅。

3. 促进教师个人的专业成长

在"创设情境，引导探究，迁移应用"的地理生本课堂三部曲模式的实施中，教师个人的专业水平得到了提高。例如，《气压带风带》教学设计在2007年荣获福建省高中地理新课程教学设计一等奖并入选《走进课堂地理》，2009年3月获漳州市新课程高中地理片段教学一等奖。《突破"气压带和风带"教学瓶颈三步曲》一文还发表在《福建基础教育研究》2011年第2期上。又如，笔者2012年荣获漳州市学科带头人称号；2015年荣获漳州市研究型名师称号；2016年被评为漳州市学科十佳教师。

总之，"教无定法，贵在得法"。"创设情境，引导探究，迁移应用"的地理生本课堂三部曲模式能够调动学生学习的积极性，激发学生学习的主动性，在已转变教育观念的教师引领下学生从"知识的认知"转向"知识的建构"，并及时检验所学内容。在这样的课堂教学模式中，学生在学习中感受快乐，在快乐中提高学习兴趣并完善地理学科素养，使课堂生活成为学生的生命体验！

二、新课程背景下，地理教材整合研究

为什么同一个课题，不同老师上课的效果不同，进而形成了有的老师成为学生喜欢的老师，甚至这位老师所教的科目也成为学生喜欢的科目；而有的老师却恰恰相反，究其原因，就是老师课前对教材整合不够或缺乏整合的艺术性。

地理教材整合是地理校本教研中，为解决教学中实际存在的问题自然而然地产生，并在实际教学中得到学校、教研组、学生的赞同并进行推广的一种"草根"教研。

（一）地理教材整合的内涵

地理教材整合就是重新建构教材，创造性地使用教材。实质是以教材为主体，开发地理课程。地理课程就是打破原来教材＝课程的模式。地理课程不仅

包括教材还包括书籍、实物、课件、影像、软件、网络、实地考察等为载体的立体化教学资源。

地理教材整合就是相对于按部就班、照本宣科、僵化使用教材来说的。为了让课堂有效性达到最优化，老师要付出创造性劳动，在教学实践中不断摸索，不断调整，不断提升。

（二）教材整合的背景

1. 新课程背景下，为老师提供教材整合创造广阔的空间

在新课程实验大规模推进的情况下，新课程为教师提供了开放的课程观。在新课程背景下，教材只是教学的载体，而不是必须恪守的"圣经"。教师就不能只是满足于在课堂中生动地重现教材，"不是教教材，而是用教材教"。老师结合自身特点，学生的实际情况，本校或当地的地理教学资源，整合出最适合学生学习的课程资源。只要适合学生且有利课堂教学最大化的教学资源，就是最佳的地理教学课程。开放的课程观，让老师从单纯的"教书匠"转变成"研究教材"的研究型老师。一个深受学生欢迎的地理老师，一定是优秀的教材整合者。教师对教材创造性整合，让深奥、难懂的抽象思维转化成直观；穿越时空，让远古的变化得以再现，让严谨的科学内容不乏生动有趣。只有如此，才能使教材散发出新的光芒，以达到最优化的教学效果，真正成为有效的合理的课程资源。因此教材整合，无不体现老师的创造和智慧。

2. 地理学科特色

地理是一门边缘性学科。在中学，地理是唯一一门跨文理两个领域，或者两个学科大类的课程。不仅有文科知识，也有理科知识。文综高考怕地理，中考拉开差距在地理。地理既能考查基础知识，又能体现能力测试，是基础与能力并重的科目，常常作为区分学生考试成绩梯度的重要砝码。所以地理对大部分学生而言，学习的难度较大。地理教材整合，是学生的心灵的呼唤，是老师上好一堂必须做好的课前准备工作。

地理也是一门综合性很强的学科，中学的各学科知识都能在地理教材中找到自己的一席之地。正因为如此，地理也是中学中最有趣的学科之一。如果地理老师理化生政史地都精通的话，那么，地理课一定是集科学性、趣味性、生动性于一体并且深受学生喜欢的课堂。有课程智慧的教师应善于融汇其他学科

知识与地理知识的交汇点，旁征博引，增加学科的生动性，与学生产生共鸣，激发学生学习地理的兴趣。

3. 教材自身的特点

（1）新课程实行"一纲多本"，打破以往人教版一统天下的局面。不一样的版本对课程标准的理解是有不同的、教材编写的总体各有差异，也各有优势。老师应以一纲为主，博取众家之长，作为取舍教材的重要参考和借鉴。

（2）新课程背景下的新教材，虽然图文并茂，强调案例分析，重视学生学习的探究，不强调知识的系统性，删除了许多原有的地理原理。教材上下游知识脱节，不连贯，教师必须对已有版本进行适当整合。

（3）教材是静止，没有声音，没有视频也无法体现日新月异国内外的时政热点。因此，教材不会非常吸引学生的眼球；更无法考虑学生、教师、学校的实际情况，无法满足不同的人对教材不同的需求。

（三）教材整合的思路

1. 解读课标——准确把握课标

认真解读课程标准，准确把握课标。课标对应每一节课的文字不多，却是统领教学的灵魂和方向。教材只是教学载体，最终目的是实现课标教学。基于课标要求，才能进行教学的综合考量，从而不断丰富教学内涵，使教学层次立体化。

2. 吃透教材——把握重点和难点（主干知识）

"吃透教材"意味着教师对教材"了如指掌"，如数家珍，明确本章知识原理在高考中的地位，把握重点和难点。老师做到心中有数，胸有成竹，是上好一节课的前提条件。突破难点，突出重点，同时也要把握教材的主干知识；高考是选拔性的抽样考查，考查的内容正是教材的主干知识。因此，吃透教材——把握重点和难点，有利于学生在高考中取得好成绩。

3. 研究学情、适合学情

传统教学盛行"仓库理论"，把学生作为知识的容器，进行"注入式""灌输式"教学，学生只能被动接收。高中新课程理念——"培养学生的地理素养"：地理素养既内化为隐性素质，又外显为具体行为，为学生目前的生活及终身发展奠定基础。教师在整合教材的过程中，一定要紧扣课标，明确适合学情的教学目标，摆脱教材的束缚。老师要预知学生学习的难点、发展点、兴趣点，好的老师应带领学生探究真理，而不是奉送真理。

4.善于利用多媒体辅助教学

多媒体辅助教学可以有效整合文字、图形、声音、动画、远距离互动传输等等。多媒体辅助教学丰富了教学手段，增强了教材的可视性和直观性，弥补了常规教学无法达到的生动、有趣的实效，增强了地理课堂的有效性，让学生在快乐中学习地理，增强了地理学习的积极性。

总之，教师在教材整合时，不要局限于对教材的简单改变，关键是从课标的高度理解和把握教材。可以说，地理课程标准是整合教材的指路灯，统率着整合教材的全过程。

（四）教材整合的原则

1.以本为本，深入浅出

以课本为蓝本，老师把深奥难懂的知识，转化为学生容易接受或乐于接受的知识，深入浅出，减少学习难度。学习的过程就会由"难"到"易"。

2.拓展延伸，举一反三

老师要精选练习，设置新情境及时对学生进行测试。讲练结合，检测学生是否能够应用所学知识解决新问题，提升学生的思考问题、解决问题的能力，以达到拓展延伸，举一反三的功效。

（五）教材整合的实施

1.增加教材内容——"加法"

增加教材内容实质上是以"加法"的形式让教材变得丰富多彩，俗话说得好，"良药苦口利于病"，如果良药不苦，甚至成为色香味俱全的大餐，更让人乐于接受。如果学生学习内容除具科学性外兼有趣味性，学生必然乐于接受；如果学生在情感、态度上，因老师的引导而终身爱上地理，这就达到地理教育的终极目标。那么，老师整合地理教材的工作就是意义深远的。

（1）创设情境教学，吸引学生的眼球，引导探究。良好的开端，意味着成功的一半。创设情境教学，吸引学生的眼球，引导学生探究，可结合国内外重大的刚刚发生的资讯作为切入点，引起学生的共鸣。如2011年3月11日，日本发生9.0级大地震并引发海啸，就可以作为《日本》或《地震》导入新课的素材。

（2）加上有利课本原理理解的上游知识。加上课本原理理解的上游知识，更有利新课的学习。如三圈环流是"热力环流"在地转偏向力作用下大气的水平运动的基础上进一步拓展和加深。因此，可以让学生作图演示"热力环流"，温故知新，在探究、合作中渐入佳境。

（3）有利突破难点。如果教学内容难度较大，学生很难理解，就必须加上辅助知识，达到让学生跳一跳能够到苹果的高度。如"单圈环流"。这里有两大难点：①学生空间想象力难以准确再现，②在地转偏向力作用下大气的水平运动在低纬度的变化及结果难以理解。所以可采用多媒体辅助教学（课件展示）"单圈环流"，如图3.3所示。

突破北半球低纬环流，理解中纬、高纬环流难点就水到渠成。三圈环流中全球气压带风带分布的难点就突破了。

此外，加入让学生参与的游戏，让学生在活动中把握重点（注重过程）。如防震小游戏，让学生在快乐中学习；加入导学提纲，帮助学生进行新课预习；加上主线，让零散的知识，有序地串联起来，帮助学生建构知识体系；精选练习及时进行测试，讲练结合及时检验所学，同时增加课堂容量；加上其他学科知识，让地理更有趣。

2. 压缩、提炼教材内容——"减法"

教师对教材先做"加法"，再做"减法"，"减法"使教材进一步压缩、提炼。

（1）如何化繁为简——以一当十。如何化繁为简，以易克难呢？例如可以"一线多用"对空间进行定位突破。如120°E中国大陆基本结束，澳大利亚大陆刚开始；75°W西侧北美大陆基本结束，南美大陆刚开始；20°E穿过南非好望角附近，同时也穿过西欧中部。三条经线可把七大洲定位。同时辅之以南北纬30°，30°S以南南半球大陆基本结束，30°N以北北半球陆地大面积开始，并且有神秘北纬30°之称。因此，"一线多用"，以一当十，只用几条经纬线就可以对全球大洲进行定位。

（2）"画龙点睛"——把握主干知识。教材篇幅很大，但主干知识不多，在探究地理原理机制后，所谓"画龙点睛"就是落实课标，突出重点。如三圈环流，重点掌握近地面7个气压带、6个风带。只要高低压清楚，风带用"左手右手定则法"就可以准确掌握。

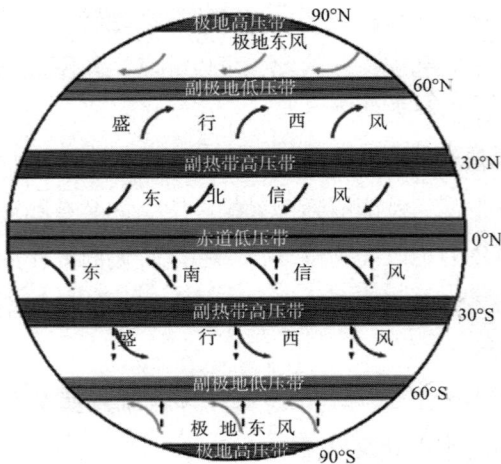

图3.7 气压带和风带

（3）"提纲挈领"——纲举目张。把一节课的知识进行压缩，建构一节课的知识体系（如图3.8所示）。

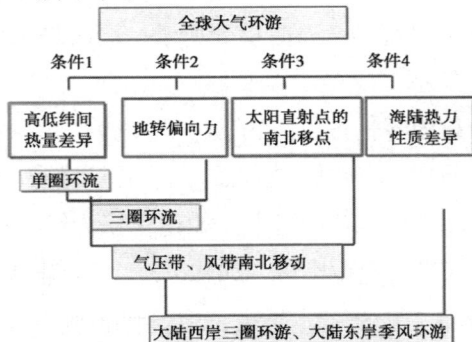

图3.8 全球大气环流提纲

全球大气环流最终形成大陆西岸以"三圈环流"为主导，大陆东岸以"季风环流"为主导（以亚洲大陆东岸最为显著）的复合环流系统。

一般而言，在一节新课中，创设情境增加趣味性、突破难点、精选练习以"加法"为主；而突出重点，把握主干以"减法"为主。教师在课堂上"加法"与"减法"综合应用，让学生课堂有效性学习达到最大化。

总之，教师在具体的教学过程中不是为了整合教材而整合，而是在认真解读课标，把握学情，融趣味性、生动性与科学性于一体。阿基米德曾说过，给我一个支点，我可以撑起整个地球。教师对地理教材的整合就是这个支点。这种创造性的劳动，把复杂、深奥的道理变成简单有趣的知识，学生不仅拓宽了知识面，掌握了知识原理，培养了地理素养，地理课堂也成了创造性教学基地。

三、新课程背景下，地理课堂教学有效性的探索与实践

教学的主渠道在课堂，如何让课堂教学的有效性达到最大化，是每一位教育工作者必须面对和思考的问题。尤其在新课程背景下（2006年福建省进入新课程改革），作为一名地理教师，地理课堂教学有效性的探讨与实践成为我们攻关的一个重要课题。

（一）什么是课堂有效性教学

有效教学指教师遵循教学活动的客观规律，以尽量少的时间、精力和物力投入，取得尽可能多的教学效果，即为能够产生有效率学习的教学。以美国默塞尔为代表，他提出以学生为中心，以教学结果为判定依据，认为教学的结果能持久、学生能自由、有伸缩性与咨询、能在生活中运用，这样的教学才是有效教学。也就是说，学生有无进步或发展是教学有没有效益的唯一指标。教学有没有效益，并不是指教师有没有教完内容或教得认真不认真，而是指学生有没有学到什么或学生学得好不好。如果学生不想学或者学了没有收获，即使教师教得很辛苦也是无效教学。同样，如果学生学得很辛苦，但没有得到应有的发展，也是无效或低效教学。而高中地理教学的有效性按时间长短可以分为短期有效性和长远有效性，短期有效性体现在堂堂清、日日清、周周清、月月清，直至通过高中地理会考和高考；长远有效性使终身受益，能应用课堂所学的知识形成地理素养并指导生产生活，达到学以致用。

（二）新课程背景下课堂有效性教学实质

2006年福建省进入新课程改革，高中地理新课程总体目标（简称课标）从学生的全面发展和终身学习出发，构建体现现代教育理念、反映地理科学发展、适应社会生产生活需要的教学总体目标。高中地理课程进一步细化学生学习有效性的内涵——要求学生初步掌握地理基本知识和基本原理；获得地理基本技能，发展地理思维能力，初步掌握学习和探究地理问题的基本方法和技术手段；增强爱国主义情感，树立科学的人口观、资源观、环境观和可持续发展观念。课程目标从知识与技能、过程与方法、情感态度价值观三个维度来表述，这三个维度就是课堂有效性的

最高要求。与旧课程相比，新课程在学生掌握基本知识与技能的基础上进一步强调学生获取知识的过程与方法和培养学生良好的情感态度价值观；不仅注重学生学习的结果而且强调学生学习过程的重要性。因此在新课程背景下课堂有效性教学实质，是以课标为中心的，更强调课标的稳定性与教学形式的灵活性和多样性，与学生获取知识探究性学习相结合，最终达到学生学习的有效性。

（三）课堂有效性教学的主要途径——教师对每一节课做好以新课程为框架的有效教学设计

1. 为什么要立足于"有效教学设计"方面的研究和实践是实现课堂有效性教学的主要途径呢？

地理课堂教学是实施高中新课程的主渠道，高中地理课堂教学能否落实新课程理念，达到预期的目标和结果，绝不是某种教学方法或教学技术的辞旧迎新，它需要在"教学理念"或"教学信念"的支持下展开教学设计，取决于教师如何进行课堂教学设计及其教学实施。"有效教学设计"是指，在一定的教学理论指导下，达到的预期效果，而且设计者不仅知道教什么而且更清楚为什么这样教，达到知其然亦知其所以然。学生学习的主阵地在课堂，教师是课堂的重要组成部分，教师是主导，学生是主体。教师是学习活动的组织者和引导者，教师应从新课程的目标和学生的具体情况出发，灵活运用多种教学策略，有针对性地组织和引导学生在实践中学会学习。要从以传授知识为中心转变为以促进学生发展为中心，确立学生的主体地位，促进学生的自主发展，尊重学生人格，建立民主平等的师生关系，注重学生的体验过程，注重学生的创新意识和实践能力的培养。教师由教学中的主角转向"平等中的首席"。课堂45分钟，时间非常宝贵，要使课堂教学的有效性达到最大化，教师围绕以学生为中心对教学内容要进行有效的教学设计，才能使学生学习有效性最大化。教师的知识面比学生广、生活阅历比学生丰富，学生学习有效性很大程度上依赖教师。因此，新课程课改的成败在于教师。笔者所进行的有效教学的研究和实践，是立足于"有效教学设计"方面的研究和实践，着力于课前、课中、课后以及备课、指导、激励方面的设计，并通过有效的教学设计达到构建高中地理有效教学目的的思考和实践。

2. 如何进行有效教学设计

教学设计框架一般包括以下几个内容：①教学内容分析；②学生学习情

况分析；③设计思想；④课标；⑤教学目标；⑥教学重点和难点；⑦教学过程设计；⑧教学反思。教学内容分析要说明教材使用版本、第几册、第几单元、第几课等；分析具体的教学内容及其地位和教育功能。学生学习情况分析是分析学生学习该内容的认知起点、学习兴趣、学习障碍、学习难度等。设计思想是根据教师自身特点和学校实际教学条件，结合教学内容，概述教学过程中拟实践的教育理念、教学原则、教学方法。课标是新课程标准要求掌握的学习内容。教学目标依据新课程教育教学理念，从知识与技能、过程与方法、情感态度与价值观等方面对教学目标进行描述，注意将三维教学目标有机地联系在一起。教学重点难点就是要说明教学过程中的重点和难点内容。教学过程设计是根据教学目标和教学过程的基本要素，针对教学内容、学生学习情况和教学媒体（含资源）的分析，描述教学过程的各个环节。力求做到：教学策略、教学方法和教学组织形式的选择注重学生学习过程的体验，体现自主、合作、探究学习方式的主要特征；教学中既注重学科基本能力的培养和基础知识的掌握，又注重学科思想与方法的教育，同时能反映学科前沿以及科学、技术、社会的联系；教学过程中较好地体现过程性评价对学生发展的作用，体现教师有效的指导；突出教学内容重点、巧破难点，内容安排合理、有序，容量安排恰当；教学媒体使用适时、适量、适度，教学设计体现创新性和可操作性。教学反思重点总结反思教学设计的特色和亮点。地理教师在设计教学时充分考虑高中学生心理发展规律和课程的难易程度，积极探索和运用自主学习、合作学习、探究学习等学习方式，提高学生的地理学习、合作交流，以及分析解决地理问题的能力。学生在学习中内化地理知识，用快乐的学习方式培养学生必备的地理素养。做好有效的教学设计，教师在上课时要有备而来，胸有成竹，在课堂教学中更能体现新课程理念，落实课程目标、达到课程标准。

3. 地理教学设计示范典例——"气压带和风带"教学设计（此教学设计荣获2007年福建省普通教育教研室举办的新课程教学设计大赛一等奖）

【教学内容分析】本教材采用人教版《普通高中课程标准实验教科书地理必修Ⅰ》第二单元第二课"气压带和风带"。课标要求是"绘制全球风带、气压带分布示意图，说出风带、气压带分布、移动及其对气候的影响"；教材主要从三个方面："气压带和风带的形成、北半球冬夏季气压中心、气压带和风带对气候的影响"来编排。与旧教材相比，新课程更强调"气压带和风带对气候的影响"，更突出气压带和风带对气候形成的重要性；倡导学生主动参与、探究、动手操作，培养学生搜集和处理信息的能力、获取新知识的能力、分析问题和解决问题以及交流与合作的能力。本节是在热力环流、大气的水平运动的基础上进一步拓展和加深，为后面学习天气系统、洋流以及全球气候变化打下基础和理论依据；它是高考重要考点之一。

【学生学习情况分析】高一学生虽然在初中阶段学习了"天气和气候"的初步知识，但对于"天气和气候"产生的原因却不了解，仅知其然而不知其所以然。同时，学生在学完上一节"热力环流、大气的水平运动"后，对大气运动在不同的空间和不同的作用力下产生运动具备一定的分析和探讨能力。但由于本节难度较大，学生的空间想象能力与课本内容存在一定的偏差，所以学习本节内容有一定的难度。遵循高中生的身心发展特点和本节课程标准的要求，老师可以布置导学提纲让学生提前预习、制作三圈环流模型。学生通过自主学习，可以达到"跳一跳，够得到苹果的高度"，体验到学习的乐趣，不断充实学生领悟自然奥秘的深切渴望。

【设计思想】①教学理念："培养学生必备的地理素养"是《高中地理课程标准》的一条基本理念。学习《气压带和风带》为学生提供观察和认识世界的独特视角——综合地看待问题（地理要素之间的相互联系）、动态地分析问题（地理要素是运动的，处在不断发展变化）。②注重"探究性"学习：培养学生的地理素养不是一蹴而就的，而是学生学习达到一定境界后的自然感悟与意念流露。正如游泳教练向初学游泳者讲授正确的游泳方法后，仍需初学者自己揣摩、体会、实践，才能学会游泳。因此，重视对地理问题的探究，是课程标准的基本理念。当然，新课程并不排斥接受性学习，而是倡导多种学习方式合理结合。

（1）教学原则：①循序渐进的原则。依据高中生的身心发展特点和认知规律，教师在教学中应采取循序渐进的原则，切不可急于求成。教学内容由浅入深，使其具有适当的梯度性，保证学生探究问题的有效性和可操作性。②激励互动原则。教学相长，"教"带动"学"，"学"又促进"教"。教师通过自己的言传身教把地理素养传授给学生时，让学生感受、热爱地理学科；当学生在探究问题过程中出现困惑时，教师应循循善诱，以激励为主，留给学生思考甚至受挫折的空间，让学生在曲径通幽中获得学习快乐，体验到学习的成功。

（2）教学方法：①"否证式"教学法。先对研究对象所发生的前提条件进行假设，然后再逐一否证，从而达到正确的结论。先把全球性大气环流置于一个理想化的状态下进行研究，即"地球不自转"且"地球表面是均匀的"，则产生"单圈环流"。由于地球不断地自转，理想化的状态下的全球性大气环流是不存在的。当否定"地球不自转"，则产生"三圈环流"；再否定"地球表面是均一"，则产生"季风环流"。最终形成大陆西岸以"三圈环流"为主导，大陆东岸以"季风环流"为主导（以亚洲大陆东岸最为显著）的复合环流系统。②设疑、导学、探究法。教师将教材内容激活并转化成一系列探究性问题，引导学生自主学习，教师把创造性的思维过程转变成学生发现性的学习过程。设疑、导学、探究法可用在课前预习，也可贯穿在上课过程中。③案例分析法。通过对典型案例的分析，来阐述一般的地理原理和规律，是新教材的重要思想和方法。这种方法可以达到以点带面，举一反三的功效。④读图分析法。学会阅读、分析图表资料，获取隐含信息，进行分析判断，最终得出正确结论。读图分析法是在地理原理指导下的知识运用，学生要透过现象，回归本质。

【课标】课标要求是"绘制全球风带、气压带分布示意图，说出风带、气压带分布、移动及其对气候的影响"。

【教学目标】①利用热力学原理，通过活动完成赤道与极地之间的热力环流图，理解大气环流的概念、形成和意义；制作三圈环流模型，体验其形成过程，掌握规律，培养空间概念。让学生了解事物的相互联系、相互制约的关系，坚持运用辩证的观点观察和分析地理事象的能力。②运用课件、有关图像、歌诀记忆法，归纳出全球风带、气压带分布状况，掌握"三圈环流"及气压带、风带的形成与季节性移动规律。提高利用地图把握地理事物和现象的能力，培养学生空间思维能力。③读等压线分布图，观察全球等压线分布的规律，对比北半球冬、夏气压中心的变化理解海陆分布等因素造成的气压中心变化及其对气压带风带的影响；运用比较法，对比东亚的冬夏季风的特点及对天气的影响。培养学生用辩证的观点观察和分析地理事象的能力，让学生学会理论联系实际。④通过阅读分析气温、降水量等图表，提升归纳气候特征和判断气候类型的能力。初步学会运用风带气压知识原理判断气候成因，强调"气压带和风带对气候的影响"。体验理论与实践相结合，培养科学求真的精神，达到学以致用的目的。

【教学重点和难点】①气压带和风带的形成和分布规律是本节内容的重点又是我们学习整个第二单元的基础。②北半球冬夏季气压中心和季风环流的形成是本节另一个重点。③气压带和风带对气候的影响是本节内容的难点和高考考点。

【教学过程设计】①设计意图——引入实际问题，让地理有用。"气压带和风带"与实际问题的结点上教师设置新情境，构成新问题，以说书的形式，带着悬念进入本课学习。既能激发学生探究的欲望，又能让学生领略到知识的价值与魅力，体验"地理有用，生活地理"的课程理念。②教材处理——教学时间2课时：第一课时运用"否证式教学法"详细解析"气压带和风带的形成、北半球冬夏季气压中心"；"气压带和风带对气候的影响"则放在第二课时进行学习。

（3）布置课前预习——鉴于本节课难度较大，老师先布置学生预习课文，再根据课本38页活动制作三圈环流模型并进行评比。老师再把同学按四道题分成四组，哪一组同学答对，本组就得一颗星，最后再进行综合测评。

（4）教学过程。

表3.1　气压带和风带教学过程

学情预设	教学过程	设计意图	知识链接
学生有较强的好奇心，容易受新鲜事物所吸引	展示自学疑问 （创设情境） 1. "马纬度"的故事 在南北纬30°附近的海面上，风不会轻易来这儿做客，这可急坏了古代的航海家和商人们，他们不得不一天又一天地等候着顺风的到来。那时候帆船除了装载货物外，还装运许多马匹，因为美洲大陆在发现之前，那儿没有马。货物倒不要紧，马则因为缺少草料而被大批饿死，马肉又吃不掉，只好把大批死马抛入大海喂鱼。因此，人们给这个令人苦恼的无风带起了一个非常古怪的名字——"马纬度"。 2. 盟军"开辟第二战场" 盟军"开辟第二战场"是二战中的一个重大事项。苏德战争爆发后，苏联要求盟国跨越英吉利海峡在法国开辟第二战场。英国首相丘吉尔以兵力不足和气象条件对作战影响较大等为由，一再推迟。 （设置探究）　欲知原因请听本节分解。	检察自学情况，发现自学疑惑增加趣味性、生动性 调动学生上课的积极性，制造悬念 引导探究	

学情预设	教学过程	设计意图	知识链接
一、单圈环流 学生学完热力环流后，冷热不均引起大气运动为"单圈环流"的学习奠定基础	（活动） 1.学生到黑板画"热力环流"图 2.当下垫面变成地球时再画全球"热力环流"图（学生以小组为单位，梯队候补）从而引出大气环流的定义、特性。 （课件展示）"单圈环流"	温故知新 增强作图能力 直观展示为"否证教学法"作铺垫	热力环流的拓展和深化
内容相对简单，可以让学生动手操作体验学习带来的乐趣	（探究活动）1.全球热力环流（单圈环流）发生的条件是什么？2.单圈环流是否存在？为什么？ （信息启示）： 假设前提：1.地球不自转；2.地球表面是均匀的才可能产生"单圈环流"（即不存在）	同时过渡承接	
二、三圈环流 三圈环流难度最大，同时要具备较强的空间想象能力 学生容易学会	（探究学习）否定地球不自转，那么大气环流将发生什么变化呢？（产生三环圈流） （活动） 展示课前学生自己制作的三圈环流模型，并评出等级 （知识梳理）师生共同完成三圈环流，重点掌握近地面7个气压带、6个风带。 （活动）动手画出近地面7个气压带、6个风带 （探究学习） 热低压，冷高压，为什么南北纬30°附近气压带是高压，而南北纬60°附近气压带是低压？ （规律小结）： 歌诀记忆法：（掌握7个气压带，6个风带） "七压六风，三低四高。 零三六九，风压相间。" （课件展示）"三圈环流" （实战演练）判断近地面的风带气压带 （读图探究）读教材中图2.11风带气压带的季节移动，并分析原因。 （知识感悟）风带气压带移动跟着太阳走，就北半球而言，大致夏季北移，冬季南移。 （问题探究）再否证地球表面是均匀的，风带气压带又发生什么变化？为什么？ （探究提示）比较夏天沙滩与海水温度的差异。	否证式教学法 教师提供一个动手、动脑的平台，让学生体验自然科学的奥秘 歌诀便于记忆 培养学生空间想象能力 直观展示 易以理解 培养学生的读图、用图说明、分析的能力 培养从图表获取信息的能力	大气水平运动知识，尤其是大气受到地转偏向力作用下，高空低空的差异

续表

学情预设	教学过程	设计意图	知识链接
学生已经具备了一定的知识原理在小组合作下，在老师的引导下可以作答	（规律小结）：风带气压带在北半球由带状变成一个个高、低压中心。 （活动教材P38、P40）让学生按活动提示完成 （问题探究）北半球由带状变成一个个高、低压中心，产生什么影响。 （规律小结）：地球表面存在海陆热力性质差异，大气环流在大陆的东部出现了季风环流。 （课件展示）季风环流和《黄土高坡》的歌曲"不管是（冬季）西北风还是（夏季）东南风，都是我的歌……"	直接从生活中总结规律探究引申培养读图分断能力 加强对图表的判读 培养学生学会探究 综合应用可视图和音像，效果加深理解	由于黄赤交角存在导致太阳直射点在南北回归线之间来回移动
三、季风环流 突破了三圈环流后季风环流相对简单，是生活中包含着的地理知识，学习相对轻松 学生在学习中内化地理素养，在学习的体验中获得成功	（探究引申）运用所学知识，说出郑和七次下西洋出发和回国所选择的季节，为什么。 （理解应用）三圈环流对气候的影响 1. 分析"马纬度"和盟军迟迟"开辟第二战场"的原因。 2. 展示课本的部分案例"赤道低压带与热带雨林气候的形成""西风带与温带海洋性气候" 3. 风带气压带的季节移动对气候的影响——案例"副热带高压带和西风带交替控制与地中海气候的形成" （知识梳理）	学以致用 前后呼应 学会从图表中获取气候两大信息：气温和降水，形成对气候的准确判读 体现高中知识原理对初中区域地理的指导作用	海陆热力性质差异
四、气压带和风带对气候的影响 学生运用所学的知识原理分析问题和解决问题 温故而知新 学生已获得解决问题的能力	1. 老师带领学生复习亚欧大陆东岸、西岸由低纬到高纬气候差异，推导形成气候差异的主要因素（大气环流）——大陆东岸大陆主要受季风环流影响，大陆西岸受三圈环流影响。 2. 气压带和风带是气候形成的一个重要因素，但不是唯一因素。一个地方气候的形成是太阳辐射、大气环流、海陆分布、地形、洋流等综合影响的结果。 （活动）学生自己回答自学疑问并小结本节重点和难点。 （教师答疑解惑）由学生来提问。 最后布置习题活动，作为课后作业 清点各组的星星数，表扬成绩显著组，鼓励后进组	影响气候的五大因素 让学生成为学习的主人	与初中亚欧大陆东西岸的气候相联系

【教学反思】本节课的教学特点是在循序渐进的原则下，引导学生"自主、合作、探究"式学习，体现了自主学习的主旋律。本节课的教学亮点是：①课堂生动活泼，集趣味性、科学性和可操作性于一体，学生在快乐中学习地理，培养地理素养。②教师要有开放的教材观，在新课程理念指导下，高中地理新课程的教学内容得到有效的开发和整合形成新的教学资源，尤其是多媒体在地理教学中的应用，让传统的地理教学如虎添翼。③强调学生"探究性"学

习，课本上的重点、难点通过设疑、探究或活动来完成，而不是不让学生思考就直接给出结论。学生通过自己动手、动脑探索自然奥秘，学生真正成为学习的主人。④讲练结合，循序渐进。本节课的教学缺点是由于课堂容量大，对于考点训练由于时间关系只能是点到为止，特别是"三圈环流""季风环流"对气候影响没有时间进行深入探讨，只能在以后的教学中巩固、提高。

（四）课堂有效性教学的误区

1. 课堂有效性教学不能忽视学生的课堂主体地位，而且也不能忽视教师课堂的导向性作用。否则只能是满堂灌，犹如穿新鞋走老路，新瓶装老酒，又回到老一套。忽视教师导向的课堂，那也会出现只有形式的热闹，而没有实际内容，学生的学习就会陷入盲目性。

2. 新课程背景下的课堂有效性教学，并不是多媒体技术从头用到结束，排斥传统教学才是新课程教学。而是传统与现代有机结合起来，能用传统教学方法完成教学任务的就采用传统教学方法，传统教学方法如三板艺术（板书、板画、板图）在现代教学中还有旺盛的生命力。尤其是板画艺术，老师边讲边画，扼要几笔就可以把一个大洲或一个国家的轮廓、山脉、河流、城镇勾勒出来，对学生而言易学易懂，何乐不为呢？而那些传统教学方法没有办法达到而多媒体能够实现的如动态显示、情景再现、展现练习等，它们有传统教学方法没法比拟的优势。因此，传统教学与现代教学优势互补更有助于课堂教学有效性的提高。

3. 教师上课不能停留在照本宣科上，以课标为学生学习的导向，对教材必须有所取舍，教材只是上课的一种工具而已。学生已经会的不讲，学生自己能学会的点到为止，把教师讲授的权力下放，多讲重点难点易错点、易混点、易漏点 。为了突破难点可以复习旧知识，也可以创设情境；方法上既可以传统也可以现代，既可以回归教材也可以跳出教材；理化生政史地，凡是符合我的课堂教学有效性需要的皆为我所用。新课程改革为教师课堂教学有效性提供了创造性的空间，只要你热爱课堂，那么你的课堂一定是丰富多彩，生动活泼，深受学生喜爱的。

4. 课堂有效性教学显现的成效

地理课堂教学实效从可量化的角度来看取得了一定成效。2008年，2006级的理科生参加福建省地理会考和2009年文科生参加的全国高考。漳州二中作为三级达标校2006级学生会考的及格率98.86%，优秀率46%，达到学校要求。2009年高考本届学生上重点线12人，上本科线88人，上专科线308人，超额完成教委下达的任务，重点线超额12人，本二线超额45人，本三线超额93人，专科线超额107人，高考上线率93%超过同类校居第一名，创历史新高。2006年，本届学生录取线216分，平均成绩308.1分，这一届学生高考取得的成绩被教研室经典概括为"低洼田里出高产"。这说明课堂有效性教学是符合新课程的要求，并促进了学生的发展。

老师希望通过有效的课堂教学唤醒学生沉睡的潜能，激活封存的记忆，开启幽闭的心智，放飞囚禁的情怀，从而实现提高课堂效率的光辉使命。

四、放飞希望，决胜高考——2016全国高考Ⅰ卷文综地理解读与应对策略

学校是以教学作为生命线，而高考是教学的指挥棒！高考是我们不得不面对的课题，它不仅检测学生，同时也检验老师。2016年高考尘埃落定，尤其是福建省高考改革首次首使用全国Ⅰ卷，引起全国教育工作者的高度关注。作为高中地理老师则更加关注2016高考文综地理试题难度有多大、考生答题情况如何、2016高考对今后教学有什么启示？放飞希望，决胜高考，这是我们共同的愿望！

（一）2016高考命题的特点

1.2016高考地理平稳过渡，难度有所下降

鉴于有的省份高考重回全国卷如福建省，2016高考地理平稳过渡，难度有所下降。2016年地理高考难度值控制在0.55，较2015年0.47的难度值而言，试题相对容易。许多试题比较接地气，有似曾相识之感，贴近考生的学习和生活状态！如36题"横县茉莉花茶产业的发展经验对我国一些贫困县脱贫致富的启示或为以茉莉种植为基础的横县经济进一步发展提出建议"，试题选材反映时代主旋律——精准扶贫；42题"莫干山民宿旅游"联系实际，联系新情境立观性强！

2.重视考查学生的学习能力和学科素养

（1）突出地理主干知识掌握与应用能力的考查。笔者通过研究《考试大纲》、品读2016年高考地理试卷，2016高考地理试题准确而全面地体现高考命题的指导思想，遵循《考试大纲》要求，突出地理主干知识掌握，特别聚焦应

用能力的考查。能力的考查不是考查地理主干知识量的多少，而是主干知识的应用，即考生对所学相关课程基础知识、基本技能的掌握程度和综合运用所学知识分析、解决问题的能力。考核目标与要求主要有：获取和解读地理信息、调动和运用地理知识、描述和阐释地理事物、论证和探讨地理问题等四个方面，即"一点四面"。以能力立意为主，考查主干知识不变。如必修Ⅰ内外力作用、地理环境的整体性、差异性（垂直地带性），必修Ⅱ如区位分析（农业、工业、城市）和城市空间结构、城市的服务功能等。必修Ⅲ区域经济的可持续发展如36题"为以茉莉种植为基础的横县经济进一步发展提出建议"。

试题选材在课外，设问角度新颖，灵活多样。也就是设置新情境，考查学生对地理主干知识掌握与应用能力。

（2）"地理高考命题注重考查考生地理学科素养"。地理学科的核心素养：人地关系、区域认知、综合思维、地理实践能力。

地理试题以人地关系的分析为落脚点，包含人地协调以及可持续发展思想等教育内容。地对人的影响如36题"试解释冲积平原地势较高的旱地有利于茉莉种植的原因"人对地协调如42题"莫干山民宿旅游"；44题【地理——选修6：环境保护】"分析高位虾池对当地环境的不利影响"。

区域认知考查包括区域的空间定位、区域特征、区域差异和区域发展如36题考查横县的空间定位——中国广西（图3.9），区域气候特征——亚热带季风气候，区域发展和综合思维——"说明横县茉莉花茶产业的发展经验对我国一些贫困县脱贫致富的启示"。

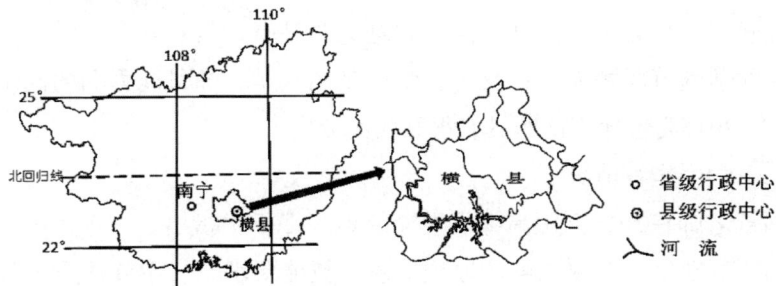

图3.9 广西及横县政区图

如37题考查堪察加半岛气候特征（温带季风气候），区域差异——"地形对气候区域差异的影响"（图3.10），考查学生综合思维分析——"堪察半岛大型植食性和肉食性野生动物数量较少的原因"，考查学生地理实践能力——"某科考队员欲近距离拍摄熊，推测他在甲地选择拍摄点的理由。"

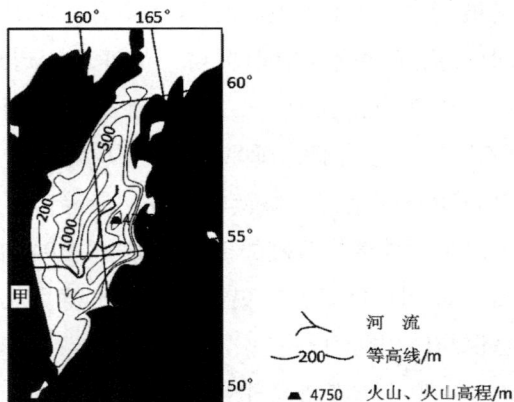

图3.10　堪察加半岛等高线图

如43题【地理——选修5：自然灾害与防治】"分析古乡沟夏秋季节冰川泥石流破坏力巨大的原因"考查学生综合思维。

3. 2016高考地理具有很好的区分度

2016高考地理平稳过渡，较2015年高考难度有所下降，但学生要把试题答好并非易事。相对福建考生而言，单项选择题福建卷有12题（48分），而全国卷只有11题（44分），必考题福建卷仅有1题（37分），而全国卷必考题有2题（46分），全国卷删掉一道选择题，却增加了一道大题，每道大题都有3～4道小题。因此，对考生而言，题量加大！大小试题共有19题之多，一科只有50分钟且要准确完成具有一定难度的高考试题绝非易事。具备扎实的学科基础和学科能力的同学则可脱颖而出；反之，学科基础扎实、学科能力弱的同学则做不完。因此，2016高考地理试题具有很好的区分度！

（二）学生作答情况

叶回玉老师在2016全国高考Ⅰ卷文综地理评析中指出："今年试题文字量比往年大，对学生'获取和解读地理信息'技能要求高。本卷注重地理学思想和方法等较高层次的地理思维能力及学习能力的考查。2016年全国高考Ⅰ卷文综地理较2015年而言，难度降低，但福建考生总体分数却有所下降。"可以看出，学生的地理知识是不够扎实的，"一点四面"的能力是不全面的，知识的迁移能力是欠缺的，逻辑混乱、表达不准确也成了常见问题。

（三）今后的教学启示

根据2016高考命题的特点和学生作答情况，作为一线老师应与时俱进，在教学中要符合高考的要求，善于发现学生薄弱点并进行针对性教学，这样学生在高考中才能立于不败之地！笔者认为让学生放飞希望，跨越高考，要备战的六大着力点如下所述。

1.高考突出对地理主干知识的考查——夯实基础，突出主干知识

（1）夯实基础——以不变应万变，是高考成功的重要基础。以《考试说明》为指导，结合教材狠抓"双基"（将初中地理内容与高中地理有机结合——初中的区域、高中的原理与能力），学生要回归课本夯实基础，做好全面复习。教师教学要根据地理高考的范围和内容对知识进行全面系统的复习，把知识系统化、专题化。

（2）突出主干知识，建立思维导图

学生在夯实基础上，同时也要突出主干知识的掌握。自然地理（必修Ⅰ）仍然以最基本的地理原理为考查知识点，如地球运动、大气运动等原理，注重考查自然地理各要素之间相互影响的考查，考查自然地理基本原理的形成过程，考查对人类环境的影响。人文地理（必修Ⅱ）以区位为核心，注重对区位要素的分析和理解；并且注重自然和人文等区位要素条件变化可能产生的影响。必修Ⅲ，重点考查如何实现区域的可持续发展。让地理知识烂熟于胸，以不变应万变，是高考成功的重要基础。

建立思维导图，结合课标把知识点串成线，把线连成面，过程中注重知识的前后联系，构建知识框架结构，建立知识一体化。

2.高考突出对地理学科能力的考查，关注地理核心素养

高考地理的命题以"能力立意"为宗旨，高考命题中心研究员张亚南女士指出，试题以能力考查为主，高考设置新情境考查学生迁移知识的能力。地理学科能力即是将地理学科知识以及地理观点应用于实际情境时而展现出来的能力。高考以四大基本能力结合地理核心素养设置试题，测试没有脱离地理学科的基础知识和主干知识，材料虽然取材于课外，设置新情境、新案例为载体，但原理却在课内。

教师在平时教学中应加强学生的学科能力培养，尤其培养学生区域认知能

力、综合思维、地理实践能力和人地关系认知能力。认知区域的定位、自然因素、人文因素的整体性和差异性，评析区域发展的制约因素、工业农业发展的区位因素，本地区可持续发展的探索等。

教师还可以结合地理乡土小论文和地理研究性学习来培养学生如何从现象到本质应用所学地理知识解释原因，锻炼学生的综合实践能力！笔者利用寒暑假让学生进行练习；2012年指导学生《长泰古山重考察》和2016年《雾霾离漳州有多远》分别荣获漳州市研究性学习一等奖和漳州市地理乡土小论文一等奖。

3. 强化精确的空间定位，培养地理空间思维

（1）精确的空间定位，培养地理空间思维。地理高考考什么，考"地"和"理"。"地"——地理位置，空间定位；"理"——科学道理，把"为什么"说清楚，说透彻。"理"要落脚在"地"上才能说明问题，"地"是"理"的载体。由于高考是选拔性考试，"地"不会直白，而带隐蔽性。考试时往往把标注在地图上的大部分信息抹掉，仅剩下经纬网，同学们如果还能进行精确的空间定位的话，那么就水到渠成。

地球上有无数经纬网，怎么记得完呢？只要仔细观察，记经纬网有一定的方法，首先记住一些主要纬线和经线，以"一当十"，事半功倍。如0°纬线、南北回归线、南北极圈、南北纬30°等，尤其是南北纬30°。30°S南半球的陆地基本结束（南美洲只剩下狭长部分），而30°N北半球陆地却大面积开始。同学们记纬线时，适当穿插"小故事"，犹如炒菜加点味精——可口。记经线主要是0°经线、120°E、75°W，0°经线可以确定欧洲和非洲、120°E可以确定亚洲和大洋洲、75°W可以确定北美洲和南美洲。因此，主要经纬线基本上从大尺度把地球各大洲定位，再从小尺度把各国定位，尤其把中国定位。那么，考试时即使删掉地图的颜色、山脉、河流、城市，同学照样可以定位。

（2）板图训练，强化知识整合。为了强化空间思维，同学对着地图画板图，抓住各大洲最主要特征，加上经纬度网，简笔画出来。在同学有了精确的空间定位，并能随手画出任一个大洲的基础上，叠加各种要素——气候、地形、河流等，初中的区域地理和高中自然地理及人文地理就可以融合在一起，这时地理知识就逐渐丰满起来。当地球动起来（自转和公转）时，大洲、国家、地区依然不乱，心中有地球。

4.加强图表分析，提高得分率

地图是地理第二语言，地图和表格的综合运用，成为考试命题的主旋律。强化地理图表的训练，图表已成为给考生提供素材的理想载体，基本上做到无图不成题。图表分析占地理试卷比重大，其中图表分析涵盖选择题和综合题，考查了考生迅速获取图表信息的能力和分析、解决问题的能力，较好地体现了新课标高考的特色。可见图表分析不可小看，同学们在复习时要加强训练。

在具体复习过程中，要注意以下几点：①认真做好图文转换、图图转换。②做好图表复习，掌握分析图表的一般方法。

图表终究是考试的载体，我们关键要看清图表所渗透的地理知识和地理原理，形式虽然很重要，但内容更重要。因此，在平时训练时，要做到题目→原理，原理→题目，跳出题目，架驭原理，不被形式所惑。

5.关注热点问题，理论联系实际

关注热点问题，理论联系实际是地理学以致用的最终归宿。学生要学会运用所学知识来分析当前时政要闻，理解国际发展的总趋势及我国国家政策等。因此，国内、国际重大热点问题往往成为命题的素材。引导学生学关注热点问题，理论联系实际，寻找热点问题与课本原理的结合点。

6.注重文综三科磨合，答案行文规范，提高得分率

（1）注重文综三科磨合。文综三科作为拼盘模式出现在同一场考试，因此要注重文综三科磨合。文综考试时间是固定的（150分钟），加上涂卡时间，每一科做题时间只有45分钟。在全国卷题量加大、难度加大的情况下，一定要腾出1～2月的时间进行磨合、演练。

（2）注重答案行文规范。学生答题要注重答案行文规范，做针对性训练，使用专业术语提高学生的文字表达能力。学生答题时就应该尽可能做到书写逻辑严密、文意顺畅、工整，最好分要点作答，重点的要点要先答。学生在复习中要不断地加以总结，从而真正提高思维方式的科学性、思维过程的严谨性，减少由于文字表述不当而造成的失分。

放飞希望，跨越高考！以上是笔者对新高考的解读与教学启示，希望能和同仁们共勉！

第二节　探索期——如何"学"（2016—2019）

一、角色反转——撬动学习生命支点

闽南师范大学附属中学（漳州市第二中学）是福建省二级达标校，高中学生的生源在学习的主动性和积极性上无法与省一级达标校相提并论；高中科目众多，由于学生的基础较薄弱，数学、英语、语文、物理、化学、生物等学科占据学生大部分课外时间，留给地理的课外时间少之又少；再加上地理是文理兼容学科，空间跨度大，学习难度较大。尤其是高中地理学习，学生在学习的过程中常常有挫败感，导致学生学习地理缺乏成就感，学生往往厌学和怠学。

（一）学生学习的薄弱点、困难点

（1）学生学科知识体系的建构不完整。应知应会的基础知识没有把握或把握不牢；对课本里的知识点、语言、地图很不熟悉。对重要地理概念、地理现象形成过程理解不深、不透，对地理专业术语应用欠缺，缺乏对知识的融会贯通和灵活运用。

（2）学生学科思维能力欠缺、学科素养表现力不足。在发现问题、分析问题、解决问题过程中缺乏知识迁移应用的意识和能力，与高考考查要求的对测试问题进行独立思考、分析判断、比较归纳、推理论证等要求存在差距。读图表能力有待加强，争取读出新意深意。地理现象的多角度解释意识有待增强。

（3）学生审题能力差、解题不熟练，阅读、理解和分析材料的能力薄弱，出现所答非所问和草草答题现象。

（4）答题不够规范化，文字表达缺乏层次性、条理性和内在的逻辑性，不能用较简练的语言把意思表达出来。

为此，教师对学生要深入了解，精准把握学生学习的薄弱点、困难点，才能对症下药；让教学更有针对性和实用性，体现教学的实际需求。

（二）教师站在学生的角度，思考如何"学"

有什么方式可以改变目前学生的学习状况呢？如何调动学生地理学习的积极性、主动性和高效性，这是摆在一线教师面前亟待解决的问题。

学生仰望星空，追求梦想，走向成功，地理学习有没有捷径可走？成功与困难相伴，克服多大的困难就能取得多大的成功！学习遇到困难是常有的事，有的学生遇到学习困难，往往自信心一挫再挫，最终失去学习的兴趣。因此，学生想获得学习的成功，必须克服学习的障碍。通往成功之路不是掌握多少知识，更重要的是掌握学习方法——行知合一，通过"行"建构、补充和完善已形成的知识并进一步指导"行"；周而复始，反复提升，直至成功。角色反转就是从学生的视角出发，以做事为中心，在劳力上劳心，在行动中动脑，在真伪中思辨，在实践中锻炼地理关键能力、赋能地理核心素养形成。学生在克服困难的过程中不断增强自信，体验学习快乐，找到未来的希望！角色反转——撬起学习生命支点，走向成功！

二、学生如何"学"——角色反转，由内而外赋能地理核心素养培育

教师课堂授课看似行云流水，实则只有付出艰辛的代价才能精构巧思。学生把教师对知识的轻车熟路往往误看成自己的实际学识，看似自己也能熟练掌握，实则相差甚远。因为学生课堂学习相当大的部分是教师引领、传授的，自己建构的部分少之又少，由于考虑教学进度，教师往往没有预留足够的时间让学生思考，因此，教师越俎代庖代替学生思考而导致揠苗助长的现象成为教学常态。看似课堂效率高，实则学生学习效益低下，根据美国缅因州"学习金字塔"实验可知，两周后的学习保持的成果只有5%。因此，学生依然对基础知识掌握不扎实，不透彻，更谈不上能够具有完善地理的知识体系。因此要在课堂进行"角色反转"，教师和学生通过角色反转（互换），教师要以学生的角度来进行教学，学生尝试角色反转的模式进行学习；教师把学习过程还给学生，指导学生在探索中前行。在教师的引导下，学生学习过程：思考→体验（由内而外学习）→成长（解决问题）→获取学习方法→形成习惯→达成素养培育。学生地理学习在摸爬滚打中成长，体验跨越困难的快乐，教师就是学生在黑暗

中前进时那盏最明亮的灯。

（一）角色反转，跟跑学习

由于学生基础较差，有的学生不敢参与回答问题，担心回答不好会被同学和老师笑话。因此，教师应鼓励学生参与，不管内容对不对，只要有回答，超越自我就是迈向成功的第一步。

1.依托教材，夯实基础

地理定义的学习是关键中的关键，突破定义学习，精准理解定义才能掌握教材。以热力环流教学为例，定义教学可以实现举一反三的功效。热力环流的定义是"由于地面冷热不均引起的空气环流"。简简单单几个字，地理学习没有文字上的障碍，但学生真的理解了吗。是走马观花式的浅尝辄止还是深入研究。如果只停留在字面上，没有重视定义的学习，后续三圈环流学习是相当困难的。学生理解到什么程度，决定该生的学习效益。这时，可以请学生来回答，他们是怎么理解定义的。如果没有达到三个方面的理解，后续的学习就混沌不堪。这个定义的理解首先要确定地点是地面，不能是高空；其次是由于冷热不均，就必须知道哪边冷，哪边热；再次是"环流"，即闭环而不是敞开。三者缺一不可。最重要的是基于地面的冷热不均是整个定义的重点。根据热力环流定义，学生尝试画出热力环流图，请两位学生上台到黑板画图。教师先画出地面A点（受热）B点（冷却）考查学生能不能应用所学在垂直方向应用热胀冷缩原理和在水平方向气流由高压指向低压。教师根据学生作图情况诊断学生所掌握的知识状况，大部分学生作图存在一定困难。当学生学习有困难时，教师进行针对性指导。本作图题中，抓住地面冷热不均是关键：在垂直方向上，地面大气受热膨胀上升，低空形成低压（热低压），高空形成高压；地面大气冷却收缩下沉，地面形成高压（冷高压），高空形成低压。水平方向上大气由高压指向低压，（就像水往低处流一样）；高空大气水平运动方向刚好相反，这样由于地面冷热不均形成一个闭合环流。让学生归纳总结一下正确画出热力环流的步骤：①先确定地面冷热不均点，②热胀冷缩引起大气垂直运动，③形成同一水平面的气压差，低空热低压，冷高压，高空相反，④在水平方向上大气由高压流向低压。学生经过思考·实践·发现不足——再思考·实践·完善·成长。

热力环流是大气运动最简单也是最重要的环流。学生只有深刻领悟其内涵，才能为风、全球大气环流的学习打下坚实的基础。

变式1，当教师把海洋、陆地、时间等因素改变，判断正确与否。学生判断正确的话，说明掌握海陆热力环流。白天盛行海风，夜晚盛行陆风。请学生讨论该模式还可以变成什么模式？城郊风（热岛效应）、山谷风等形式。学生学会了以不变应万变。

变式2，如果把地面冷热不均拿掉，变成等压线，考查学生会不会画热力环流图。老师设置弯曲等压线图请学生完成热力环流示意图，考查热力环流的同时又结合气压特点和等压线知识。等压线分布特点：地面无冷热不均时（受热均衡）等压线与地面平行，海拔越高，气压越低；同一高度，气压高的往高空弯曲，气压低往低空凸（气压记忆口诀：高高低低）。低空的等压线向下弯曲说明此处气压较低，相当于受热点，低空等压线向上弯曲说明此处气压高，对应冷却点。地面冷热不均点找到之后，环流就水到渠成了。

变式3，把地面的小尺度变成全球大尺度，同学们思考一下，随着地球的自转，全球性的热力环流会不会发生变化。此时的热力环流要叠加地转偏向力的基础知识。（地转偏向力只用于水平运动的物体）所以只改变水平运动，而垂直方向运动没有改变，这就是为后面三圈环流学习奠定了坚实的基础。所以，定义学习决定地理学习的成败。

同理，后续诸如"区位""大气环流"和"洋流"等定义学习依然重要，突破定义学习可以实现点上突破，面上掌握。

2. 把握主干知识，突出重点，突破难点

学生怎样把握主干知识？只要练就一双火眼金睛，锻炼快速、准确获取信息能力，学生就能实现教材由厚到薄。

首先教师指导学生学会寻找主干知识，从实现学生学习由多到少，由厚到薄。每一节课的重点在哪里？经过教师指导，学生发现：每一节课的"眼睛"在课本的标题，加粗的内容就是每一节课的重点内容；一本书的重点内容在目录，掌握目录就可以纲举目张；一本书的重点就是整本书的标题。以2019人教版为例，地理学科的重点内容就是地理必修1自然地理（科普为主，比较简单），地理必修2人文地理，地理必修3自然地理（难度加深，比较难）。地理选择性必修3围绕资源、环境与国家安全三大主题展开。整个地理学科的主干知识就是"地"和"理","地"——空间、"理"——自然与人文的科学原理。地理是研究以空间为依托，某一事物、现象存在的道理（原因——自然原因和人为原因）。因此，简而言之，地理学习就是把"地"弄清楚，把"理"说明白。学生跟着老师一起奔跑，掌握主干知识，建立完善的知识系统！学生惊喜地发现：地理原来也不是很难！

学生如何突破难点？以自然地理——选择性必修1学习为例，学生普遍觉得全球性大气环流最难。困惑点主要有三：全球大气环流形成难以理解、全球大气环流组成的系统复杂、全球大气环流影响难以把握。

（师）同学们，思考一下：哪个最难？

（生）全球大气环流形成难以理解？

（师）那么，全球大气环流形成的原理是什么？

（生）热力环流。

（师）对了，就是热力环流。除此之外还叠加什么知识？

（生）叠加了地转偏向力的影响。

（师）非常好！全球大气环流就是热力环流叠加地转偏向力在全球大尺度的空间上运动，形成三圈环流；再叠加海陆热力性质差异全球大气环流就使大陆西岸形成三圈环流，大陆东岸形成季风环流。空间上，大陆西岸受三圈环流控制与大陆东岸受季风环流影响。时间上，三圈环流随太阳直射点移动而产生季节移动；季风环流产生季风也随着季节发生相反的变化。

（生）喔！学习的难点就是多个原理的叠加！地理学习不仅单个原理要很清楚，多个原理叠加产生影响也要融会贯通，把孤立的知识点变成联系的整体，考验地理学习的关键能力！

为了检测学生对教材理解和掌握程度，学生适当做一些练习，不可不练，不可多练，不要陷入"题海战术"，重点培养精准解读显性和隐性信息，检测应用所学知识和原理的能力。

学生在老师的引领下，一步一步解决困难。学生解决一个小困难，就会有一个小欢喜；解决大困难，就会欢呼雀跃，从一个成功走向另一个成功！

（二）跳出教材，归纳提升

为什么高三学生普遍认为老师教的没考，考的没教，地理考的是"玄学"。地理考试已经从知识测试转向能力、素养考查，从教材提炼学习方法，形成分析问题解决问题的关键能力，而不是对死记硬背，不懂变通的简单知识层面考查。学生依托教材，夯实基础，只是向成功靠近一步，还需跳出教材回到课标。教材只是一扇窗，打开窗户就是可以看到更美的风景！

以《长江三峡水利工程为例》，长江三峡水利工程可以实现防洪、发电、供水、灌溉、航运、养殖、旅游等综合效益，库区同时伴生泥沙淤积、水质变差、影响洄游鱼类生存、淹没耕地村庄、诱发地震等不利影响。如果学生单纯掌握教材的话，往往会发现，大型考试一般没有类似教材情境的题目。那教材是不是白读了呢？其实不然，学生应该基于教材而高于教材进行归纳拓展，把长江三峡水利工程开发上升到任意一个水利工程的开发，思考在开发中如何权衡利弊关系，并如何扬长避短，从生态、经济和社会三个维度实现区域的可持续发展，最终达到人地协调。

跳出具体的教材，提炼基本原理，形成地理学习的能力；由熟悉到陌生，由具体到抽象，从而达成地理素养。

（三）融入生活，素养达成

生活即学习，学习即生活。地理学习无处不在，人们的衣、食、住、行等处处蕴含地理知识。"橘生淮南则为橘，橘生淮北则为枳"这是学生最熟悉的区域认知。因为秦岭淮河是气候的分界线，南北气候差异影响农作物生长。新疆哈密瓜特别甜，是因为新疆夏季日照时间长，昼夜温差大，贮存的糖分多，所以哈密瓜成为新疆的地理标志产品。一个小题就包含地理的区域认知和综合思维。

教师引导学生从熟悉的情境转向陌生的情境进行学习，看看能不能依然运用所学地理知识进行分析论证。为什么欧洲古罗马建筑是以石头为主，而中国传统建筑是以木材建筑（如故宫）为主。学生听到这个问题会愣一下，这与地理有没有关系？学生开始思考，在老师的鼓励下，开始尝试回答问题。

（生1）中国木材多，欧洲石头多。

（师）有没有不同观点？

（生2）中国木材多，欧洲缺少木材。

（师）能不能展开论证？

（生2）中国是地处亚欧大陆东岸，以季风气候显著——雨热同期，有利木材生长，罗马地处亚欧大陆西岸，是地中海气候——雨热不同期，不利木材生长。只能就地取材，采用石材建筑。

（师）此处，应该有掌声！

（生）学生以热烈掌声回应答对的学生。

同学们，这是不同地理位置形成不同的气候，进而影响植被的生长，人们就地取材形成不同建筑特色。这也是人与自然和谐相处的案例。

（师）如果罗马一定要采用木材建筑，可以不可以？

（生）可以，但劳民伤财！

（师）非常棒！

（生）老师，还有没有其他题？

（师）来一有挑战性的怎样？

（生）好！

（师）为什么中国自秦以来是大一统的国家，而面积与中国相当的西欧却是小国林立。（这是历史地理相融合的知识，教材没有现成答案，需要学生开拓的思维才能解答出来，学生陷入沉思。）

（生）欧洲缺少一位秦始皇！（学生都笑了）

（生）有困难。

（师）俗话说得好，史地不分家。中国地处亚欧大陆东岸，是典型的季风气候。由于季风气候不稳定，旱涝灾害频发；就需要一个统一的国家相互救济，一方有难八方支援，大一统有利国家发展。西欧地处亚欧大陆西岸，大部分是温带海洋性气候，气候比较稳定，气象灾害较少，自己可以独立建国，所以小国林立。

（生）全班爆发热烈的掌声！

学生在跟跑的过程中，老师和学生互相支撑、相互扶持、相互欣赏，每一节课都是思维火花的碰撞！学生学习有困难就和老师、同学一起讨论、一起思考，地理四大核心素养已悄然融入学生的生活和学习中。

第三节 发展期——如何"评"（2019—2021）

闽教研〔2021〕18号文件，福建省普通教育教学研究室为了贯彻落实立德树人的根本任务，深化基础教育课程改革，促进福建省基础教育学科教学研究工作的深入开展，解决学科教育教学实践中存在的重难点问题，培育学科优秀教研组和学科教学研究骨干，提升福建省基础教育的质量，福建省普通教育教学研究室于2020年12月确立了133所福建省基础教育学科教学研究基地学校，围绕课程、教学、作业、考试评价等育人关键环节，开展以发展学生核心素养为导向的学科课堂学习评价研究。闽南师范大学附属中学（漳州市第二中学）光荣上榜。张丽玲是福建省高中地理基地校负责人，引领基地校建设和课题研究。

闽南师范大学附属中学地理组将在笔者带领下，以基地校建设为契机，大力推进素质教育，提高学科教学与研究能力，打造学科教学研究品牌，培养了一批具有较高教育理论素养和较强实践研究能力的名师，全面提高基础教育教学质量。

一、基地扬帆，评价落地

2020.09—2023.08，笔者以福建省基地校为依托，主持2020年福建省基础教育课程教学研究立项课题《SOLO分类视域下地理课堂学习评价的实践研究》立项单位：福建省普通教育教学研究室，立项批准号：MJYKT2020-062。引领福建省漳州市第二中学地理教研组全体教师深入开展新高考评价体系、新课标、新课程、双减内涵和SOLO思维分类理论学习，研究、探索SOLO分类评价赋能地理核心素养的培育。

构建基于SOLO分类和地理课堂教学诊断评价的过程性、进阶评价工具，结合我课题组自主开发的课堂观察量表，诊断学生在地理学习中的障碍和进阶学习情况，以此为依据调整教学策略；让学生的课堂学习思维由定性描述转向定量测评，开发诊断学生学习过程性成果的诊断评价量表，尝试开发促进深度学习发生的教学案例设计、纸笔测验，为促进深度学习发生提供借鉴。

二、研究思路，评价流程

课题研究思路：研制评价标准→根据标准制定评价工具→学习过程（方案）设计→课堂实践（案例生成）。具体操作流程如下图所示：

SOLO分类视域下地理课堂学习评价操作流程

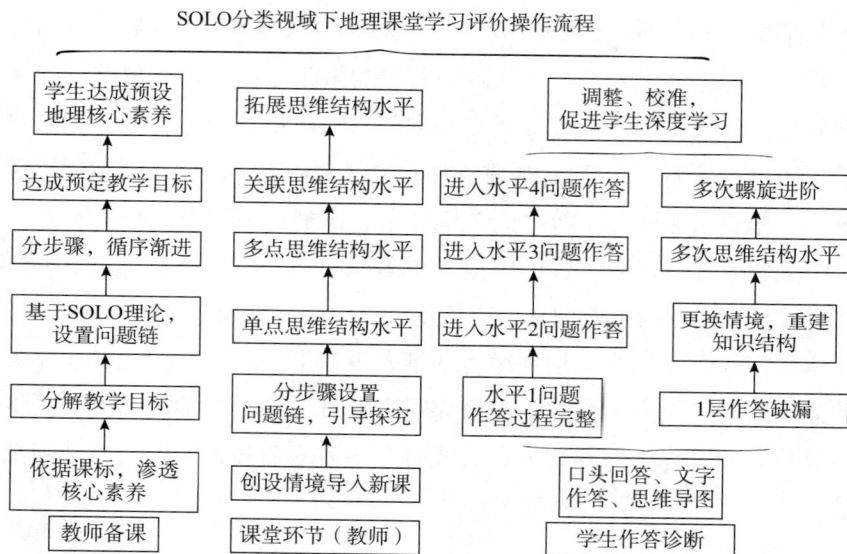

图3.11　solo分类视域下地理课堂学习评价操作流程图

三、研究方式

1. 查阅文献、分析资料，开展比较研究，建构学习评价机制，编制不同层次的调查问卷。

2. 召开课题组成员会议，布置成员分工及任务，并对课题组成员进行一定的相关任务建设培训。

3. 邀请相关专家给全体教师及课题组成员做有关任务建设研究的讲座。主要针对目标：一是对相关评价概念的准确理解。二是对评价要素的确定。三是对评价活动的预设。四是对必要的评价技术的掌握。

4. "走出去"参观学习，注意学习外校的先进经验以及做法。"请进来"指导教师深入学习，形成初步的学习评价机制。开设评价模式观摩课，交流互鉴。

四、评价落地，课堂生花

做好课堂教学评价是提升课堂教学质量的重要手段，以下是一些具体的方法和技巧：

制定明确的课堂教学目标：教师应当明确每一节课的教学目标，让学生知道学习的重点是什么，让评价更加具体和准确。

制定合理的评价标准：制定针对性强、合理可行的评价标准，让学生了解自己的表现与标准的差距，帮助学生更好地改进自己的学习方式。

持续性评价：教师应该将评价看作是一个持续的过程，而不是仅仅在期末测试或者一次性考试时进行。通过对学生的日常表现作出评价，帮助学生了解自己的优点和不足。

多元化评价方式：教师应该采用多种评价方式来衡量学生的表现，例如口头评价、书面评价、作品评价等。这可以让学生以不同的方式展现他们的知识和技能，让评价更加丰富多样。

鼓励学生自我评价：教师应该鼓励学生进行自我评价，让学生了解自己的优缺点，并将其作为个人发展和提高的动力。

总之，做好课堂教学评价需要教师细致入微、注重多元化、持续跟踪，以提高课堂教学的效果和质量。

附：

SOLO分类视域下地理课堂学习评价的教学实践
——以人教版2019新课程"地域文化与城乡景观"为例

本文系2020年度福建省基础教育课程教学研究立项课题（课题编号：MJYKT2020-062）"SOLO分类视域下地理课堂学习评价的实践研究"阶段成果。

[摘　要] 有效的过程性评价助力学生成长已经成为共识，而过程性评价是一线教师教学的难点和痛点。以人教版2019新课程"地域文化与城乡景观"为

例，笔者探索过程性评价与地理课堂教与学有机融合。以SOLO思维等级分类评价为工具，教师开发评价量表，落实教学目标，形成纵向进阶评价和横向达标评价相结合的纵横评价体系——"一核三环进阶思维评价法"，为完善过程性评价助力学生成长提供一种新的思路。

[关键词] SOLO分类；地理课堂；学习评价；教学实践

众所周知，有效的过程性评价是学生学习的风向标。然而，一线教师尚未形成成熟的评价模式，过程性评价成为一线教师教学的难点和痛点。2020年10月，中共中央、国务院印发《深化新时代教育评价改革总体方案》，明确指出"改进结果评价，强化过程性评价"[1]；2018年1月《普通高中地理课程标准》要求地理课堂要形成过程性评价与终结性评价相结合的学习评价体系，科学检测学生的认知水平[2]。为了突破过程性评价教学短板，笔者在地理课堂学习评价进行多年的教学实践基础上，初步形成了SOLO思维"质性"评价与地理课堂教学深度融合的教学方法——"一核三环进阶思维评价法"，为完善过程性评价助力学生成长提供一种新的思路。

一、地理课堂学习评价工具的选择

地理课堂学习评价，它是在地理教学过程中进行的，是对学生阶段性学习成果的评价，有利教师诊断学生的学习水平并及时调整教学策略达成学习任务；学习评价不是学习的结束，而是新一轮学习的开始[3]。地理学习的内容丰富多彩，而学习的实质就是学生通过过程性学习达成内容的理解与掌握、锻炼了学习能力、培养地理素养；从熟知的情境到陌生的情境，从具体到抽象，从简单到复杂。因此，地理学习的过程就是地理思维进阶的过程。

2017年版课标明确指出——地理核心素养的培养需要重视学生地理学习过程中的思维发展，对思维结构的评价可以参考基于"可观察的学习成果结构"分类理论[3]。新课标明确指出SOLO分类理论可以作为学生学习思维的评价工具。SOLO分类理论以"质性"评价为特征，通过学生所回答的内容就能诊断学生思维所处的层级水平；学生思维的进阶就是一步一步落实学习任务的过程，有针对性地促进学生地理核心素养的形成。

SOLO分类理论由澳大利亚学者约翰·比格斯创建，以等级描述为特征的质性评价方法[5]。该理论把思维结构分成五个层次，分别为无结构、单点结构、多点结构、关联结构、抽象扩展。

从前结构水平到抽象扩展结构，思维水平逐步升级，后面的思维结构水平包含前一个思维结构水平。学生的思维虽然不可测，但学生回答的思维结构却是可观察的学习成果结构。当学生的思维处在前结构，就是学生对知识点不清楚、不理解；从单点结构到多点结构，就是学生对知识点理解由少到多；当学生的思维处在关联结构时，能够说明事物的内在联系，即为什么是这样；当学生的思维处在抽象扩展结构时，学生可以跳出熟悉的情境，抽象扩展到新的情境。这样，地理学科的知识、技能和素养在思维结构的评价中逐渐形成了。

自1983以来，SOLO分类评价理论已经在中国被接受并传承四十载。2017年国家课程标准纳入习题的评价标准[6]。关于solo分类理论及应用相关的论文已有200余篇，其中理论介绍和试题研究较多。目前，应用在课堂评价并促进学生完成学习任务还不够成熟。

二、SOLO"质性"评价与地理课堂融合的构建

SOLO"质性"评价与地理课堂融合就是开发以SOLO思维等级分类评价为工具，教师对学生系列课堂学习成果进行思维结构评价，把评价与教学过程相融合。构建SOLO"质性"评价与地理课堂融合，重点把握以下四个关键点：第一，教师制定精准的思维层级的教学目标；第二，教师制定导学案，让学生回答问题、形成学习结果；第三，教师对学生回答进行思维层级诊断，对不达标者加以矫治，成功后进入下一个任务；第四，课堂纵向是学习思维结构的进阶，课堂横向是学生落实每个层级的思维结构。由此纵横交织、螺旋上升思维结构评价与地理课堂融合就形成了。这样，教师应用SOLO为评价工具贯穿以知识为基础、能力为重点、素养为导向的地理课堂的教学评价方法，简称为"一核三环进阶思维评价法"。如下图所示：

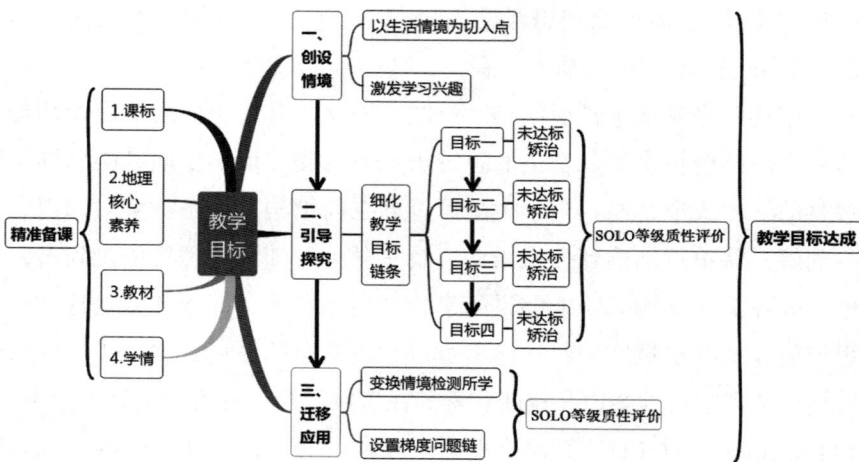

图3.12 一核三环进阶思维评价法

"一核"是教师把课标、教材、地理核心素养和学生现有的认知水平进行整合，精准制定教学目标并与SOLO思维等级相对应；教师根据每个任务对应思维等级的高低确定教学重点和难点，教学难点就是SOLO思维分类中的关联结构。课堂上，教师把教学难点细化形成低一级别的思维结构，进而在课堂引领学生探究过关。"三环"是指课堂三个教学环节。在纵向上，教师通过教学创设情境，引导探究，迁移应用三环节以梯级问题链的形式把教学目标融入课堂教学；在横向上，学生和教师对每个目标进行评价（未达标则矫治），最终完成教学任务。

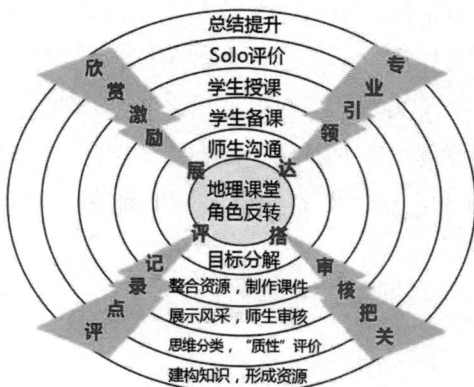

图3.13 "搭·展·评·达"高阶角色反转模式图

学生的课堂学习就是结合课堂导学案，纵向上层层递进，横向任务各个达标。如果某个任务未达标，就需要老师和同学一起探讨、研究，获得矫治后才能进入下一个环节。学生从一个成功走向另一个成功，体验学习过程带来的快乐！

三、地理课堂学习评价与教学融合的实践——以《地域文化与城乡景观》为例

（一）课前

教师要整合课标、教材内容、地理核心素养和学情分析，形成与SOLO思维分类评价相对应的教学目标并确定教学的重点、难点，制定学生课堂学习导学案，让学生提前预习。

【课标】

（1）理解地域文化的含义，能够说明地域文化与城乡景观的关系。

（2）举例说明地域文化在乡村景观上的体现。

（3）举例说明地域文化在城镇景观上的体现。

【教材分析】

《地域文化与城乡景观》是2019年人教版地理必修Ⅱ第二章第三节的内容，相对于旧教材而言，是为了增加文化自信而增加的内容。本课教材图片丰富多彩，案例精彩纷呈。本课的学习，就是通过景观探寻背后蕴含的文化。

【地理核心素养】

本节课所蕴含的地理核心素养：文化的地域性渗透区域认知，地理实践感受不同地域文化，区域文化的形成培养学生综合思维，和谐的城乡景观为学生树立正确的人地协调观。

【学情分析】

学生由于外出旅游的机会不多，国际视野有限，对文化的认知和差异处在碎片化状态，对景观背后所蕴含的文化处在懵懂状态。因此，教师对学生学习本课的引领与启发就显得非常重要。

【精准确定教学目标、教学重点和教学难点】

课前，教师以SOLO思维分类评价为工具、以课标为准绳、以素养培养为核心、以教材为依据、以学生认知水平为出发点等精准确定教学目标，当知识

点属于关联结构时即为教学难点。如下表：

表3.2 精准确定与SOLO思维层次的教学目标

教学目标	地理核心素养	SOLO层级	教学重难点
一、地域文化	文化的区域差异培养地理区域认知、探寻文化景观是体现地理实践力	单点结构、多点结构	教学重点
二、地域文化与乡村景观	不同乡村景观与成因差异体现区域认知、综合思维、地理实践力、人地协调观	多点结构、关联结构	教学重点教学难点
三、地域文化与城镇景观	不同乡村景观与成因差异体现区域认知、综合思维、地理实践力、人地协调观	多点结构、关联结构	教学重点教学难点

教师精准确定教学目标、教学重点和教学难点，让地理课堂张弛有度。

（二）课堂学习与评价

表3.3 【细化教学目标制定学生课堂评价量表】——导学案（课前发给学生预习）

教学环节	教师活动		导学案	学生过程性评价			
	问题链进阶深入	设计意图	学生过程性学习	SOLO层级	学生自评	教师评价	矫治达标
创设情境	播放冬奥会开幕倒计时视频，请同学们寻找中国文化元素。如下图同学们思考一下，请列举中国文化元素	冬奥会开幕恰逢二十四节气"立春"	二十四节气	单点结构			
		让学生感悟文化，彰显中华文化自信	土楼、诗歌、端午节、饺子、熊猫、筷子、宣纸等	多点结构			
	【转承】文化无处不在，我们置身其中，让我们一起学习。						
引导探究	地域文化什么是文化？	定义是学习的关键	文化定义：源于人类对自身和世界的感悟与认知（实质：人类创造的）	单点结构			
	文化可以分为几类？请同学们举例	讲练结合应用教学软件设置课堂小游戏，活跃课堂气氛	文化分类：①物质文化如：中国结、土楼、宣纸等②非物质文化如：二十四节气、汉语、端午节等	多点结构			

续表

教学环节	教师活动		导学案	学生过程性评价			
	问题链进阶深入	设计意图	学生过程性学习	SOLO层级	学生自评	教师评价	矫治达标
引导探究	各地文化有什么不同，请举例。说明文化具有什么特点	从身边例子感知文化的地域性 深入浅出	文化特点： ① "十里不同风，百里不同俗" ——文化具有地域性 ②南船北马、南稻北麦等	关联结构			
	哪些是文化，哪些不是文化？区分的要点是什么	讲练结合 能够清晰判断文化的要领	设计活动学生两两对抗判断哪些是文化，哪些不是文化。（属于自然景观就不是文化）	多点结构			
	文化的载体是什么	让学生思考作答，把竞争机制引进课堂	人文景观是文化的载体，人文景观中蕴含地域文化	多点结构			
	文化与景观的关系是什么	小结提升	文化根植于地域，决定景观呈现，通过景观探寻文化	关联结构			

二、地域文化与乡村景观（由于关联结构学习难度较大，学生通过观看视频、图片、讨论作答，以案例教学来突破学习的重点和难点。）

教学环节	教师活动		导学案	学生过程性评价			
引导探究	播放 "红河哈尼梯田的原理" 视频，完成红河哈尼梯田所在地区、景观、蕴含文化。如下图：	学习难度较大，细化、分解，降低难度，化难为易	红河哈尼梯田所蕴含地域文化 ①地区：云南省东南部。②地形：横断山区。③景观：梯田（农业生产景观）。④红河哈尼梯田所蕴含地域文化：体现人地和谐理念，水、林、村、田和谐共生	多点结构 关联结构			
	江西婺源视频——月亮湾 "宅高田低" 如何体现人地和谐理念	学习难度较大 学生合作探究回答	高宅可避开洪水，低田便于灌溉，体现顺应自然、趋利避害的生活智慧，形成人地和谐的乡村景观	关联结构			
引导探究	福建土楼是世界建筑的奇葩，它是如何体现 "御外凝内" 的精神的？如下图：	学习难度较大 学生合作探究后回答	①高大土楼具备完善的防御功能：一层、二层不开窗户，便于阻挡入侵之敌；土楼最高处设有瞭望台，以便了解敌情；墙体高而厚。体现 "御外" 功能。②土楼内部聚族而居，体现 "凝内" 功能	关联结构			
	【转承】乡村景观所蕴含文化景观的特点	让学生讨论总结提升	以农业生产景观和聚落景观为主，乡村的主要经济活动与自然的关系更为直接，其景观所体现的人地和谐理念更为鲜明	关联结构			

续表

教学环节	教师活动		导学案	学生过程性评价			
	问题链进阶深入	设计意图	学生过程性学习	SOLO层级	学生自评	教师评价	矫治达标
三、地域文化与城镇景观（以点带面，对于地域文化与城镇景观学习难度大大降低。）							
引导探究	教师展示具有代表性城镇景观图片，如下图．	以图片为主，视觉冲击感强	学生阅读教材、观看图片 城镇色调和色彩。 乌镇——粉墙黛瓦	单点结构			
引导探究	教师展示四合院景观图片、播放视频，北京四合院反映了什么文化意识？如下图．	以图片和视频为主，合作讨论，探寻城镇景观蕴含的文化	北京四合院建筑遵循严格的"礼"制，北房为尊，两厢次之，倒座房为宾，杂屋为辅，体现长幼有序的家庭文化	关联结构			
迁移应用	"陕西八大怪，房子半边盖"反映什么样的地域文化？如下图:	从图文获取资料，迁移应用课堂所学	反映当地降水少，水资源短缺，房子半边盖，有利雨季收集雨水（节水文化）				
	课堂小结	学生总结 归纳提升	一、地域文化 二、地域文化与乡村景观 三、地域文化与城镇景观	多点结构			
	布置课后作业	收集反馈	上交课堂导学案				
备注	1.通过评价打"√"，未通过评价打"×" 2.课堂主动参加互动讲解的部分加注"☆" 3.还存在的困惑：加注"？" 4.教师评价结合智慧课堂对学生进行质与量评价的结合						

课堂上，师生应用SOLO分类评价工具在课堂上纵横交织，纵向和横向，以掌握知识，锻炼能力，渗透核心素养，达成学习目标。

（三）课后

教师收回学生课堂学习评价量表，统计各项学习任务达标状况。尤其是对矫治后依然未达标的学生，量少者采取个别辅导，量多者调整教学策略直至矫治达标。

布置课后作业，依然以SOLO思维结构分类进行分层次布置。对于只要参加地理会考的学生学业水平只需达到2.0，与之对应的思维层次以单点结构和多点结构为主；而要参加地理高考选考的学生，适当加大难度，学生学业水平需达到3.0，设置作业在原有的基础上增加关联结构和抽象拓展结构。

四、实践反思

（一）优点

1. SOLO思维分类评价是建立在每一节课的课程标准和素养目标的基础上对学习内容进行思维等级分类，培养学生的思维进阶，落实地理课程标准和地理核心素养。

2. SOLO思维分类评价工具是师生可以共评的工具，操作简易快速，适合过程性评价。地理核心素养由四个维度组成，每一个维度又分成四个等级，细分下去可达16项分类。因此，若以地理核心素养作为评价指标，评价操作较烦琐、容易造成混乱。

3. SOLO思维分类评价是学生过程性学习评价与地理课堂学习深度融合，不仅关注学生学习的内容，同时也关注学生学习的任务过程。教师预设每一节课学习任务，在课堂上检测学生所学而进行的评价、诊断和矫治，最终达成学习任务。SOLO思维分类评价体现了过程性评价的优势，具有较高的效度、可信度，有利教、学与评价相结合。

4. SOLO思维分类评价不仅助力学生准确、快速判断自己在某个知识点达到的思维等级，也可以延伸到课外对试题所处思维等级进行评判。学生应避免在低价思维的习题中耗费过多的精力，在"双减"背景下，SOLO思维分类评价对减负提效更有重要意义。

（二）缺点

SOLO思维分类评价是质性评价，量上评价较为不足。随着智慧课堂与地理教学的进一步融合，针对学生作答情况可以直接呈现（可以得出学生答题的准确率，学生的个体差异）。鉴于SOLO思维结构评价是一种新的教学评价，因此，教师需要进行岗前培训才能胜任工作。

结语

SOLO思维分类"质性"评价与地理课堂教学深度融合的教学方法——"一核三环进阶思维评价法"，为完善过程性评价助力学生成长提供一种新的思路。在课堂上，地理知识内化于心，喜形于色，言传于声，笑声回荡于课堂。地理的知识、技能和素养已经在课堂学习中悄然掌握了，生硬的说教、填鸭式教学已经不需存在了。

参考文献

［1］中共中央、国务院. 深化新时代教育评价改革总体方案［S］. 北京：人民教育出版社，2020.

［2］教育部. 普通高中地理课程标准（2017年版2020年修订）［S］. 北京：人民教育出版社，2018.

［3］［澳大利亚］约翰·B. 比格斯，凯文·F. 科利斯. 学习质量评价：SOLO分类理论（可观察的学习成果结构）［M］. 高凌飚，张洪岩，译. 北京：人民教育出版社，2010（06）.

［4］李双，蔺芳，杜建括，等. 基于SOLO分类评价理论的地理教学设计研究——以"因地制宜发展农业"为例［J］. 教师，2020（26）：66-67.

［5］何冰. 例谈高中地理课堂中地理景观的教学策略［J］. 地理教育，2021（11）：3.

［6］黄益昧. 例谈SOLO分类理论在初中语文阅读教学中的应用［J］. 浙江教学研究，2022（02）.

［7］丁晓斌. 指向思维进阶的高中地理学习引导路径探索［J］. 试题与研究：教学论坛，2020（19）.

第四节　完善期（2021—2023）
——"教""学""评""达"耦合联动的教学模式

在孕育期（2011—2016）——如何"教"，教师着重研究课标、教材、研究教学语言实现在课堂上确保授课科学性、准确性和趣味性；探索期（2016—2019）——如何"学"，学生人本关怀觉醒，教师研究学生身心特点学情和校情，关注学生的最近发展期并以学生的角度研究如何实现预期的学习目标，角色反转就是撬动学生启动深入学习的有效支点；发展期（2019—2021）——如何"评"SOLO思维分类评价，评价学生回答问题所属的思维等级层次，进而诊断学生学习所处的知识盲点、困惑点和已获得的优点；完善期（2021—2023）——如何实现"教""学""评""达"联动，把原先相对孤立的教学环节，进一步耦合联动，让学生达成学习目标，克服学习困难，培育学生地理核心素养，最终实现立德树人终极目标！

角色反转赋能地理核心素养培育教学模式以学科教研基地为抓手，结合福建省教育科学"十三五"规划2020年度立项课题《高考新评价体系下普通高中地理课堂角色反转的教学研究》（立项批准号：NO.FJJKXB20-513）和2020年福建省普通教育教学研究室立项课题《SOLO分类视域下地理课堂学习评价的实践研究》（立项批准号：NO.MJYKT-062）形成"角色反转赋能地理核心素养培育"教学成果：注重学生学习过程和过程评价，以生为本，形成"教""学""评""达"一致性的教学模式。

该教学模式的实施成功解决教学四大难题：①解决传统课堂"老思想"的理念问题，实现以生为本；②解决学生学习过程性不足的问题，体现学生的学习过程；③解决课堂快速"质"性评价不足的问题，及时对学生学习过程做出恰当的评价；④解决学生课堂达成不足的问题，撬动学生深入学习，达成预设的教学目标。2022年7月，《搭·展·评·达——地理课堂角色反转教学模式的探索与实践》荣获漳州市教学成果一等奖并入围福建省教学成果参评。

本教学成果聚焦地理学科核心素养，深化课堂教学评价改革；推进教育教学研究，促进学科建设，助力教师成长；分享教学改革成果，发挥省级高中示范校的辐射作用，提升育人成效！

新课标、新课程、新高考、双减……教育部出台一系列直指课堂教学改革组合拳隆重登场，为地理基础教育擘画蓝图。如何贯彻国家教育方针，实现基础教育的顶层设计，对一线的地理教师提出更高的要求。解密教改组合拳，就是摒弃把学生当成学习的容器，进行广而深的知识灌输；回归教育的本质——唤醒学生学习的内生动力，从而让教育教学实现减负提效、培根铸魂、立德树人[1]。那什么样的教学机制可以撬动学生学习的内生动力呢？笔者凝练25年的教学经验、吸收我国先贤"知行合一"优秀传统文化、建构主义理念和SOLO思维分类理论，开创"搭、展、评、达——地理课堂角色反转教学模式"。地理课堂角色反转教学模式赋能地理核心素养培养，解锁课改组合拳，激发学生学习的内生动力，为减负提效、助力学生成长提供了新的教学模式。

一、地理课堂角色反转教学模式的界定

学生学习成效大小，关键是由学生内在因素决定，在学生原有知识、能力基础上进一步升华。常规地理课堂教学往往重教轻学，忽略学生学习的主体性，形成教与学两张皮，久而久之，学生学习倦怠之心就形成了。为了调动学生学习的积极性，在地理课堂上，老师提供平台把学生反转成"老师"，创造机会让学生表达自己的理解，从而让学生自己发现自己的短板或长处，同时获得师生的点评与帮助，最终达成学习目标的教学方式，简称为地理课堂角色反转。具体教学模式：角色反转是支点，"搭·展·评·达"是教学过程，同学是同伴互助，教师专业引领，最终达成学习目标。

（一）角色反转是支点

角色反转是撬动学生立德树人的支点，通过角色反转，改变师本课堂的理念，让学生成为学习的主人，把学习的主体遴选出来，直面学生学习的内容。

---

[1] 中华人民共和国教育部.普通高中地理课程标准（2017年版2020年修订）[M].北京:人民教育出版社,2020: 2.

地理课堂角色反转教学模式让学生有在课堂上表达自己见解的时间，允许有学生容错的空间，教师创设情境调动学生思考、表达、论证来展示自己的才学。知是行之始，行是知之成，因此师生鉴其行，而察其知，诊其惑。教师引领同学评定其思维等级并阐释为同学解惑，以点带面形成全班学生以知识为载体的地理核心素养的培养、地理关键能力的训练。在老师的启发下，思考成为学习的常态，SOLO思维等级高低成为衡量学习深浅的标尺。角色反转以学生为中心，体现学习达成的过程是教学改革理念落地的关键点。

（二）"搭·展·评·达"耦合联动

1. "搭"，教师搭建平台

教师创设与课标相吻合情境，搭建平台为学生创造交流展示的机会。如某个事物、某个想法、某个定义、某个问题或者某个措施等生产、生活和生态情境，只要能够让学生思考并进行表达交流，都是好的平台。老师搭建平台引导学生思考，发现学生的思维等障碍，在老师带领下，一起发现问题，一起解决问题。学生所获取的知识和技能不是别人奉送的，而是自己通过努力获取的，不仅印象深刻持久而且能享受到学习的乐趣，掌握地理学科学习方法和规律，地理学科的核心素养悄然形成了。课堂纵向上，教师以问题链的形式融合教学三环节：创设情境、引导探究、迁移应用（简称课堂教学三部曲）层层递进，为学生角色反转搭建平台。

教师搭建平台，让学生有机会"班门弄斧"；同时，洞悉学生学习优缺点并进行有针对性的点拨。教师由填鸭式的满堂灌教学模式中解放出来，教师成为学生成长的诊断者、促进者。"搭"——立德树人教学理念落地的奠基石。

2. "展"，学生登台展示交流

在课堂上，学生针对老师提出的问题进行登台展示交流，学生由知识单向输入为主的听讲模式转变成思辨、论证和表达的模式。学生通过登台展示交流锻炼，学生的学习方式和效果悄悄发生变化：从坐而受教到侃侃而谈，从"迷茫、朦胧、困惑"到"明晰、认同、建构"。学生改变的是学习的方式，获得的是实际提升；聚焦学科知识、重塑教育价值。此时，地理课堂从"师本课堂"变化到"生本关怀"再到"生命体验"。"展"——让学生成为学习的主人，奏响学习主体性和过程性的最强音。

地理课堂角色反转根据学生参与的水平可以分为低阶、中阶和高阶三个层级。低阶反转，课堂上以教师为主体，以设置问题链的方式让学生部分参与答题。中阶角色反转则以学生为主体，优秀学生可以帮助有困惑的学生解答问题，以学生的视角和思维达成共情的学习效果。高阶反转——微主题学生反转。教师把课标分解成若干主题，由学生登台来讲述。参与高阶反转的学生必须课前完成相应知识点学习并做成课件再登台展示，课堂上接受老师和同学的诊断、评价与指导。当掌声阵阵响起之际，就是对登上讲台的同学的最佳的鼓励与赞许！当面对同样的教材和同样的知识与原理，不同层次的学生表现的差异性在班级就会激起涟漪：优秀学生的表现，赢得老师和同学的肯定和赞许；后进的学生在"正能量"的引领下也跃跃欲试，你追我赶的地理学习氛围就形成了！地理课堂高阶角色反转就是针对某个知识点，学生在课堂上模拟教师"授课"；高阶角色反转锻炼学生语言表达能力，培养学生地理核心素养，展示学生的风采，深受学生喜爱和家长的支持。

3. "评"，采用SOLO思维分类"质性"评价

"学而不思则罔"，学习的本质就是思维进阶。solo思维分类理论由澳大利亚学者约翰·比格斯创建，以等级描述为特征的质性评价方法[1]。该理论把思维结构分成五个层次，学生回答问题对应思维结构由低到高的五个等级，当学生思维处在前结构时，说明学生对此知识不了解；单点结构和多点结构是思维的低阶水平；关联结构（具有因果论证关系或知其然亦知其所以然）和抽象扩展结构（从已知情境迁移到陌生情境）思维的高阶水平。师生共同完成对学生回答的问题进行快速评价，诊断学生回答问题的思维水平。当学生回答问题处在前结构或低阶思维结构时，说明要调整学习态度，好好学习；当学生回答问题处在高阶思维结构时，说明该问题难度较大，不要因学习困惑而产生较大的挫败感。此时，正是师生共同探究新课知识的最佳时机，正如《论语》所说的"不愤不启"。在教师专业引领和鼓励下，学生克服了学习障碍，获得学习成功，体验学习带来的快乐。

4. "达"，达成教学目标

学生的课堂学习就是以角色反转为支点，纵向上层层递进，由浅入深；横

---

[1] ［澳］约翰·B. 比格斯,凯文·F. 科里斯.学习质量评价:SOLO分类理论（可观察的学习成果结构）［M］.高凌飚,张洪岩,译.北京:人民教育出版社,2010:27-28.

向上任务目标各个达标。学生若是处在某个未达标思维水平，就需要老师和同学一起探讨、研究，获得矫治后才能进入下一个环节。

成熟的地理课堂角色反转，有利于不同层次的学生参与，同时有利于教师从点、线、面立体把控课堂，最大限度调动学生学习的积极性。这样，课堂纵向教学三部曲"创设情境、引导探究、迁移应用"，层层递进；课堂横向上，按学习任务的难易，学生分层参与，体验角色反转。纵横交织的地理课堂[1]就形成了。

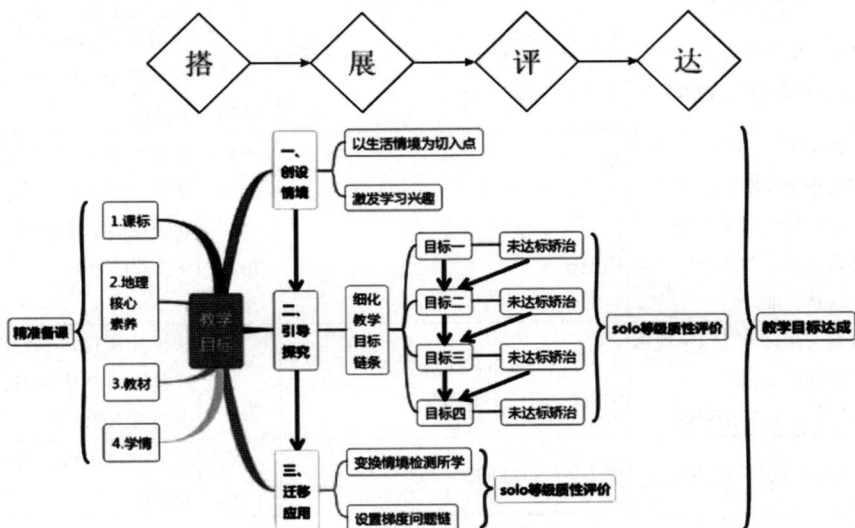

图3.14 纵横交织——角色反转课堂模式

教师的"搭"是地理课堂角色反转的前提，学生的"展"引发"评"，由"评"带动针对性"教"，最终"达"成教学目标。这样，地理课堂形成师生共同合奏的舞台。

二、地理课堂角色反转教学模式实践与成效——以《农业区位选择》为例

下面以高一地理新课程必修Ⅰ《农业区位选择》创设情境导入新课为例，老师搭建平台，铺上一个个垫脚石，指导学生爬上"脚手架"，采摘学习成果，教师要把地理核心素养培养无痕融入地理主干知识的学习。

---

[1] 张丽玲.SOLO分类视域下地理课堂学习评价的教学实践[J].福建教育学院学报，2022（6）：50.

笔者以新课程标准为准绳，践行地理核心素养，结合学生学习认知规律和现有知识水平选取漳州乡土资源——果中皇后——荔枝，以诗歌"一骑红尘妃子笑，无人知是荔枝来"和"唐玄宗用快马和驿站远距离从南方运来新鲜荔枝"的视频创设情境，引导学生农业区位学习。如表3.2所示。

表3.4　"搭·展·评·达"创设情境导入新课

教学过程（思维进阶）				学生反应
搭（梯度问题链）	展（抽签与自愿相结合）	评	达	
1.漳州是水果之乡，有"水果皇后"美誉的是哪一种水果？	学生1：不清楚	前结构	漳州荔枝以乡土资源实现小尺度的区域认知	困惑
	学生2：荔枝	单点结构		兴奋
2.《过华清宫》——杜牧"长安回望绣成堆，山顶千门次第开。一骑红尘妃子笑，无人知是荔枝来。"诗中的"妃子"指的是"谁"？	推选优秀学生诵读（声情并茂）	多点结构	有感情地诵读，诗情画意实现跨学科知识融合，彰显中华文化的自信	开心
	杨贵妃	单点结构		
学生观看"八百里"快马加急接力送荔枝短视频。3.为什么快马加急送荔枝？	学生1：因为长安无荔枝	关联结构	从视频快速提取地理信息，初步具备简要的论证、说理	惊讶
	学生2：荔枝不易保存			
4.为什么长安没有荔枝生长？	学生：气候原因	单点结构	思考方向正确，还需论证	开心
5.能不能具体一点？	学生：长安冬季气温在0℃以下，荔枝会冻死	关联结构	有论证，还需补充	
6.还有需要补充吗？	优秀学生：①荔枝是热带水果，喜高温喜湿，生长于南方地区。②北方冬季寒冷，容易受冻害。因此，要让远在长安的杨贵妃吃到新鲜的荔枝，必须快马加鞭、快速送达	多点结构关联结构	基本掌握气候基础知识、综合考量气候和生物等多要素论证能力初步形成综合思维	掌声开心
7.荔枝生长在漳州的原因，也就是本节课大家要学习的农业"区位"因素	区位学习与"原因"对接	单点结构	深入浅出，解锁本节课的难点迈开第一步	兴奋

教师创设"一骑红尘妃子笑"的历史情境，结合当地特产"荔枝"于诗情画意中，让学生在知其然而未知其所以然中启迪关于农业区位的思考，践行地理核心素养于学生喜欢的情境，学生家国情怀、文化自信洋溢在课堂之中。

教师创设情境，意在抛砖引玉导入新课。漳州二中高一学生缺乏农业生产实践，农业区位因素既是本节课的重点也是难点，因此，教师还需搭建平台让学生抽丝剥茧，破解重难点。教师补充大农业和小农业知识，引导学生探究农业区位的定义和区位因素学习，如表3.3所示。

表3.5 "搭·展·评·达"引导学生探究农业区位因素学习

教学过程（思维进阶）				学生反应
搭（梯度问题链）	展（抽签与自愿相结合）	评	达	
1.同学们从教材中找出农业区位定义	学生快速找到区位定义	单点结构	学生可以快速获取文字信息	轻松
2.【想一想】如何理解农业区位定义？	①所在地理环境 ②与周围环境的关系	多点结构	基本达标但无法凝练（学生停留在字面理解，地理专业术语学生难以理解。）	疑惑
3.同学们讨论一下如何凝练表达"农业区位"	与地理位置的关系	前结构	学生难以转换 教师引导学生深度学习，高度概括农业区位两层含义：①空间即"where"或"地"，②联系即"why"或"理"（原因）。简而言之就是某一事物存在的道理即"地理"	困惑 兴奋
4.假设同学拥有一块土地，你要考虑什么要素，才能让土地的收益最大化？（展示农业区位图）	气候、地形、水源等自然因素，资金、劳动力、科技、政策等人文因素	多点结构	结合生产、生活，学生基本达标，培养学生读图、析图的能力	轻松
5.自然因素包括什么	气候（气温、降水和光照）、地形（地形和地势）、水源（河流或冰雪融水）、土壤	多点结构	分要素细化学习	轻松
6.自然因素还有需要补充吗	生物，如荔枝是热带水果，只能在南方种植	关联结构	学生学会思考、论证，学习达到高阶思维（补充教材不足）	掌声
7.自然因素中起决定性的因素是什么	气候	单点结构	俗语说，农业是靠"天"吃饭，"天"就是气候。风调雨顺，农业生产好	兴奋
8.有什么方法可以高度概括自然因素	气、地、土、水、生	多点结构	深入浅出，化繁为简	掌声
9.同理，有什么方法可以高度概括人文因素	金（资金）老（劳动力）师（市场）教（交通）政（政策）科（科技）	多点结构	谐音记忆法，容易掌握基础知识	掌声

续表

教学过程（思维进阶）				学生反应
搭（梯度问题链）	展（抽签与自愿相结合）	评	达	
10. 同学们思考一下，区位因素的分析能不能回答"缺点"	不能，只答"优点"	单点结构	来源于教材，高于教材，创新概括，补充教材不足	兴奋
11. 同学们，总结一下农业区位的实质是什么	实质是决策者因地制宜，合理利用土地	关联结构	培养学生人地协调观	兴奋

教师引导学生深入学习农业区位因素，同时对漳州蜚声全国的"柑中之冠"——长泰区芦柑进行迁移应用，结合笔者的实地采摘、考察等地理实践搭建平台，培养学生应用区位原理分析长泰芦柑的区位条件，让学生在学习的过程中充满自豪感。农业区位学习搭建18个问题链，以抽签和自愿的方式到讲台交流、展示并得到师生的点评直至达标。在横向上穿越时空、张弛有度，在纵向上层层递进、引领学生深度学习，把家国情怀和人地协调观自然融入课堂教学中，地理学习彰显生命力！

（二）地理课堂角色反转教学模式实践成效

1.角色反转促进学生成长

漳州二中地理课堂角色反转教学模式，率先在高中部启动，由高中向初中拓展，带动整个地理组教学改革。该校从2012年以来地理课堂角色反转不断探索，取得了良好的成效。

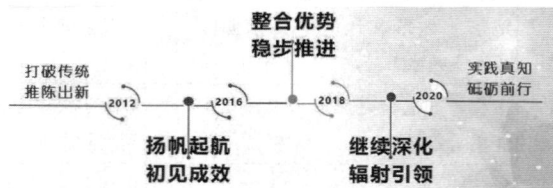

图3.15 地理课堂角色反转发展历程图

作为普通中学，老师创造机会，搭建平台，让学生有机会获奖，甚至是口头表扬（2000多人次），特别是及时肯定，对学生帮助效果最显著。地理学科成为课后作业最少，学习效率最高的学科。学生在参与中感受向上、向前的正能量，地理学科的素养在角色反转活动中悄然形成。地理课堂角色反转由课内拓展到课外，教师通过研究性学习、演讲比赛、环保征文、课件制作、思维导图、环保简报比赛和研学实践（学校协调组织）等平台，激励学生参加课外活动。课内原理指导课外实践，课外实践促进课内地理学习；地理课堂内外联动，地理学科成为学生喜爱的品牌学科。

2021年漳州二中（福建省二级达标校）高考成绩全年段地理平均分64分，高中挑选一班作为实验班进行三年地理课堂角色反转教学实践，实验班平均分72分，班级最高分93分（也是年段最高分），优秀率和及格率都是年段第一。漳州二中2021高三（1）班（高考物理选考）高考各科平均分转化成百分制对比，如图3.16：

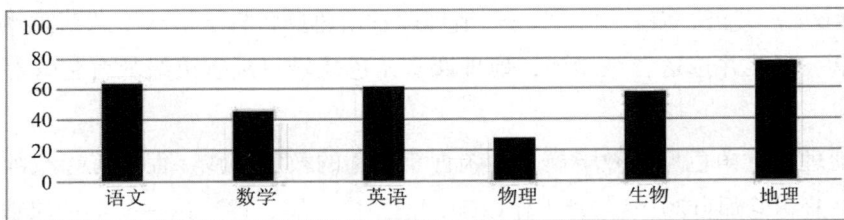

图3.16　2021年实验班高考各科平均分转化成百分制对比图

（数据来源：漳州二中2021高三高考成绩）

由此可见，参与地理课堂角色反转的实验班（高考物理选考）的学生，他们的高考成绩中，地理是高考分数的贡献科目。2022年，漳州二中（福建省二级达标校）高考成绩全年段地理平均分68分，最高分93分。在姚家辉校长的带领下，角色反转参与的学生由地理普及全校各科，由学校拓展到校外研学基地。角色反转，让学生参与，体验成长，形成以点带面，全面开花。

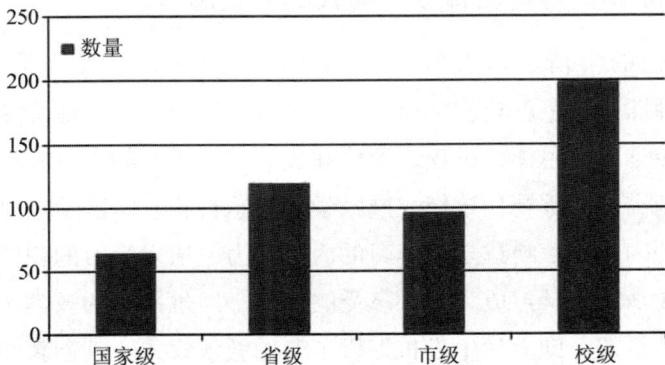

图3.17　2020年以来漳州二中学生获奖柱状图

角色反转撬动学生学习的内生动力，学生收获学习的硕果。

2.促进教师快速成长

笔者以角色反转为课题，带领漳州二中地理组老师在实践中研究，在研究中实践。2020年9月，笔者成为福建省教育科学"十三五"规划课题"高考新评价体系下普通高中地理课堂角色反转的教学研究"（立项批准号：NO.FJJKXB20–513）负责人；2020年12月，成为福建省基础教育课程教学研究立项课题"SOLO分类视域下地理课堂学习评价的实践研究"（立项批准号：MJYKT2020–062）负责人，2020年12月，成为福建省高中地理基地校负责人。2022年6月，"搭、展、评、达——地理课堂角色反转教学模式"荣获漳州市教学成果一等奖并选送省级参评，地理课堂角色反转得到省市级教育主管部门的肯定。

地理课堂角色反转教学模式引领青年教师的教学实践，促进青年教师快速成长。蓝澜老师自2016年9月工作以来，把"搭、展、评、达——地理课堂角色反转教学模式"带入地理课堂，短短6年的教学实践，斩获多项荣誉："漳州市第五届中小学教师技能大赛一等奖""福建省基础教育精品课"省优、荣获"一师一优课"省优和部优、"全国人教版初中地理微格教学技能赛第三名"等市级、省级、国家级等多项教学奖项。本课题组教师先后15人次获省市级激励、带动9项省级课题、4项市级课题、发表20篇CN论文。教学策略的改变，培育了"三新"课改下的新工匠。

三、地理课堂角色反转教学模式的实践思考

结合学校的学情、教育特点，笔者带领团队，开发"搭·展·评·达"——地理课堂角色反转教学模式。经过多年教学实践，地理课堂角色反转教学模式关注学习的主体、过程、评价和成效成为教改的重点，教、学、评、达一致性得到高度的重视！该模式鼓励学生展示自我、解困学生思维障碍、欣赏每位学生的闪光点；唤醒学生学习的内生动力，激发学习的积极性，让学生从成功走向成功，让学习成为一个享受的过程。经过10年的教学实践证明：角色反转为减负提效、助力学生成长提供了新的教学模式。其创新性主要体现以下两点：

第一，课堂角色反转聚焦生本理念落地新机制。生本理念属于顶层设计，地理课堂角色反转落地课堂教学的新模式，解决传统课堂"老思想"的理念问题。地理课堂角色反转是撬动学生学习的支点，极简的策略，却有极致的效果。课堂角色反转值得同类院校复制和学习。

第二，"搭·展·评·达"凝练人才培养操作模式。"搭·展·评·达"四位一体，凝练人才培养的具体操作。"搭"——教师搭建平台，为课堂教学保驾护航。"展"——学生有机会进行交流展示，师生可以发现学生回答问题所处的思维水平，调动学生学习的内生动力。解决学生学习过程性不足的问题。"评"——SOLO思维分类评价，具有快速、及时、易学等特点，适合课堂及时评价。SOLO分类评价与学生学习过程相结合，解决课堂快速"质"性评价不足的问题。"达"——学生学习达成预期效果，解决学生课堂达成不足的问题。"搭"是"展"的前提，"评"是为了诊断，师生帮忙矫治而"达"成预设目标。实现"教""学""评""达"一体化。适用范围不仅适用地理，还可推广到其他基础学科；拓展的学段上至高校，下至小学和幼儿园。

十几年的笃定与坚守，"搭·展·评·达"——地理课堂角色反转开创了地理教学的新模式，赋能学生课堂内外自主学习，激发学生学习地理兴趣，培养学生地理素养，促进学生立德树人。"搭·展·评·达"地理课堂角色反转打造了闽南师大附中地理特色教学模式，并拓展到学校其他学科的教学、辐射到漳州市、福建省其他中学和闽南师范大学的地理教学，在省内中学和高校示范效应上取得了突破。路漫漫，其修远兮，我们的团队将在新天地打造新特色和新品牌。

第四章　进阶——实践提升

以基地校课题研究为抓手，以生本课堂为理念，以课堂学习评价为着力点，以角色反转为支点，撬动学生思考、探究、建构基础知识，助推学生地理学习关键能力培养，持经达变，从而赋能地理核心素养培育。

角色反转教学实践由低阶反转（教师设置问题链启动学生深入学习）到中阶角色反转（学生深入学习，初步以"小老师"角色登台授课）再到高阶角色反转（学生可以独立深入学习，从课内延伸到课外，形成学习习惯，培育地理素养）。学生学习由浅入深，由跟跑到并跑再到领跑，完美蝶变成功！

第一节　低阶角色反转

　　所谓低阶角色反转，就是老师带领学生学习新课，根据学生认知、身心发展特点，课标要求和SOLO课堂评价等综合要素把握教材的重点和难点。对于知识重点老师引导学生强化训练，对于学生比较难以理解的关联结构所对应的教学难点，老师搭建问题链把难点细化，让学生反转探讨，形成正确结论。强调以学生的角度和思维现状逐步克服学习障碍，学生在克服困难的过程，就是学生思维进阶的过程；学生克服困难的过程，就是学习获得成功的过程！

　　低阶角色反转是老师带着学生进行的初级角色反转，学生以跟跑的形式进行学习改革。低阶角色反转，是教师的"教"，学生的"学"，运用SOLO的"评"，最终学生获得地理核心素养。课堂上，以学生为学习主体，攻破一个个问题链，体验知识原理的运用，提高地理学习素养。课后，学生完成SOLO分类层级作业，逐步加深，既有面上知识的突破，又有地理学习能力的提升；避免学生在做低阶练习题占用过多的时间，同时避免太难的试题打击学生自尊心。作业适量，层次分明，难易适中，适合学生地理学习，实现减负增效！

一、低阶角色反转教学设计——以《水循环》为例

　　（本节课是2019年人教版高中地理必修第一册第三章第一节《水循环》）

【课　　标】

运用示意图，说出水循环的过程和主要环节。

说明水循环的地理意义。

【教材分析】

　　本节教学内容：分析水循环的环节、过程和类型等，并说明水循环的地理意义。水是生命的摇篮，水的三态变化使得水在不同水体之间、不同的空间之间循环运动，促进了地球上的物质迁移和能量转换，对自然地理环境和人类活动具有深刻的影响，因此该节在本章乃至全书中具有重要的地位。这节内容的

学习有助于学生树立正确认识和利用自然规律、实现人类与环境和谐的发展，让学生在头脑中对我们自然界中的水循环有一个清晰的认识。

【地理核心素养】

人地协调观：学生根据示意图简单分析水循环的过程的基本原理，了解三个水循环的类型，能简单画出水循环的过程图，解释相关自然现象，并结合现实生活深化"水资源的危机意识、节约用水、保护水资源"思维，树立正确的人地协调观。

综合思维：运用水循环的知识解决实际问题，培养读图、阅读、概括和对比法分析地理问题的能力。

区域认知：结合实际图文材料，认识不同地区水资源的差异，能够运用本课知识，在一定程度上合理描述和解释特定区域的自然现象。

地理实践力：通过地理读图，分析水循环的过程，并能联系实际观察水循环现象，培养学生地理读图、绘图能力，具备一定的运用考察、实验、调查等方式进行科学探究的意识和能力。

【学情分析】

学段特征：高一学生对自然界的认识具有浓厚的兴趣，且思维活跃，但是大部分学生学习较为被动，习惯接受式的学习，因此通过实验与案例探究，主动把课堂交给学生，带动学生自主学习能力。

认知基础：高一学生逻辑思维有所提高，并且经过前期学习已经掌握一定的读图、析图能力，同时积累了相应的基础知识和地理素养，能够对水循环各环节与地理意义进行自主探究，并理解人类活动对水循环造成的影响进而影响人类生活。但学生层次不一，接受程度不尽相同，同时本节课内容较多，通过水循环引发出对应内容，对于部分基础薄弱的学生理解有一定的难度。

【精准确定教学目标、教学重点和教学难点】

表4.1 精准确定与SOLO思维层次的教学目标

教学目标	地理核心素养	SOLO层级	教学重难点
水循环的过程及类型	综合思维和人地协调观	单点结构、多点结构	教学重点
水循环的地理意义	人地协调观、区域认知、地理实践力	多点结构、关联结构	教学重点 教学难点

【课堂教学】

表4.2　水的循环教学设计

	搭		展	评			达
	教师活动		导学案	学生过性评价			地理素养
教学环节	问题链进阶深入	设计意图	学生过程性学习	SOLO层级	学生初评	矫治达标	教师评价	区域认知、地理实践力、综合思维、人地协调观
创设情境	多媒体播放视频台风"苏芭"逼近广东后,提问:从地理学的角度,台风登陆涉及了什么地理知识?东部地区降水剧增,其中包括了水循环的哪些环节呢	用问题的形式导入,引发学生对生活现象的思考,激发学生的兴趣	认真观看视频,并回答问题	单点结构 多点结构				地理实践力水平1
【转承】展示考纲、合格考考试能力要求。								
引导探究	一、水循环 任务1:什么是水循环呢?	加强对基本概念的理解	学生回答问题。自然界的水在水圈、大气圈、岩石圈、生物圈四大圈层中通过各个环节连续运动的过程	单点结构				综合思维水平1
	任务2:请同学们手绘地图简图复习水循环的过程和主要环节	通过手绘地理简图提高学生对水循环类型和过程的理解	在导学案上认真绘制水循环简图	多点结构				综合思维水平1
	任务3:请同学们与同桌讨论人类活动对水循环的影响	同桌之间合作学习,提高学生的合作学习能力	同桌之间讨论人类影响水循环的环节及影响形式	关联结构				地理实践力水平1
	PPT展示习题,学生完成后,老师讲解	讲练结合能够清晰判断文化的内涵	学生独立完成练习题	多点结构				综合思维水平2
二、水循环的地理意义								
引导探究	组织学生阅读教材P48—49"水循环的地理意义"标题下的内容,归纳水循环的地理意义	据图学习水循环的地理意义,加深学生对水循环意义的理解	根据老师引导和PPT展示图文资料,学习水循环的地理意义	多点结构 关联结构				综合思维水平2

	搭	展	评			达
	教师活动	导学案	学生过性评价			地理素养
引导探究	课堂练习巩固	课堂练习巩固，提高复习效果	认真完成PPT展示试题	关联结构			综合思维水平3
	课堂小结	更好地巩固所学知识，加强记忆	学生在教师的引导下进行复习小结	多点结构			
迁移应用	任务4：城市建设破坏水循环的哪个环节，推测可能产生的影响	运用水循环原理，迁移应用课堂所学，指导生产生活	城市建设，地表硬化，破坏水循环下渗环节，地表水下渗减少，增加地表径流，在雨季容易发生洪涝灾害	抽象扩展结构			综合思维、人地协调水平4
	课堂小结	学生总结归纳提升；有助于增强师生之间的交流	一、水循环 二、水循环的环节和分类 三、水循环的地理意义	多点结构			综合思维水平2
	布置课后作业	收集反馈	上交课堂导学案				
备注	1. 通过评价打"√"，未通过评价打"×" 2. 课堂主动参加互动讲解的部分加注"☆" 3. 还存在的困惑：加注"？" 4. 教师评价结合智慧课堂对学生进行质与量评价的结合					

【教学反思】

学生的课堂学习就是结合课堂导学案，应用SOLO思维分类评价工具，学生在学习过程中自我评价每一项任务所处的思维水平是否达标，通过探究越过一个个不同等级的思维障碍；学生若是处在某个未达标思维水平，就需要老师和同学一起探讨、研究，获得矫治后才能进入下一个环节。

因此，学生的课堂学习，也是过程性评价与课堂深入融合的过程。在课堂上，学生从低阶思维到高阶思维，从一个成功走向另一个成功，体验学习过程带来的快乐！

二、低阶角色反转——《水循环》评价量表

表4.3 《水循环》评价量表

学习目标	《水循环》课堂导学	SOLO 思维层级	学习过程性评价		
			学生初评	矫治达标	教师评价
一、水循环的类型及其环节	1.概括水循环的定义：水在运动	单点结构			
	2. 水循环类型：①海上内循环。②海陆间循环。③陆地内循环	多点结构			
	3. 水循环的环节：从水的运动及相态变化解释水循环的蒸发、水汽输送、地表径流、下渗、地下径流、降水6个环节	多点结构			
二、水循环的地理意义	4. 水循环通过各环节的运动，能促进水体的更新5. 水循环能维持全球水的动态平衡和热量平衡	多点结构			
	6. 水循环是联系海陆之间的纽带7. 水循环影响着全球的气候和生态8. 水循环塑造地表形态，如喀斯特地貌、水滴石穿等。	关联结构			
三、水循环的运用	9. 跨流域调水影响水循环哪个环节？地表径流10. 修建水利工程影响水循环哪个环节？地表径流11. 城市建设破坏水循环的哪个环节，推测可能产生的影响？城市建设，地表硬化，破坏水循环下渗环节，地表水下渗减少，增加地表径流，在雨季容易发生洪涝灾害	抽象拓展结构			
备注	1.通过评价打"√"，未通过评价打"×"2.课堂主动参加互动讲解的部分加注"☆"3.还存在的困惑：加注"？"				

三、低阶角色反转课后作业

一、单选题（本大题共9小题，共18分）

"黄河之水天上来，奔流到海不复回。"回答下列各题。

1. 这句诗中的"天"和"海"分别是（   ）

A.巴颜喀拉山、黄海   B.巴颜喀拉山、渤海

C.唐古拉山、渤海   D.唐古拉山、东海

【SOLO思维等级——多点结构水平】

2. 黄河、长江都流经的省级行政区和地形区有（ ）

A. 青海和青藏高原 B. 四川和四川盆地

C. 西藏和青藏高原 D. 青海和黄土高原

【SOLO思维等级——关联结构水平】

我国的气候干旱地区，农民在耕作土壤表面铺设10～15厘米的砂石覆盖层，发展农作物种植，这就是砂田。左图为水循环示意图，图中数字代表水循环环节。右图为宁夏砂田景观图。读图，完成下面小题。

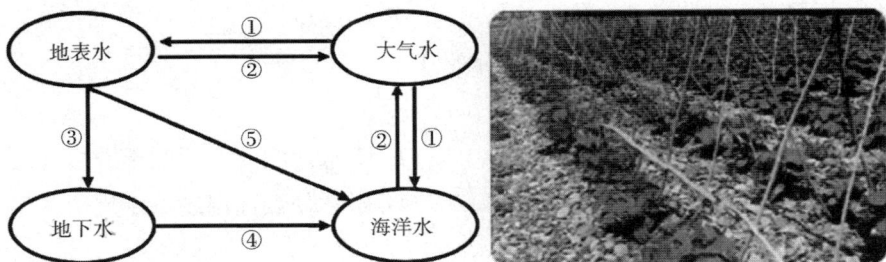

3. 砂石覆盖对水循环环节的影响是（ ）

A. ①增加 B. ②增加 C. ③增加 D. ⑤增加

【SOLO思维等级——单点结构水平】

4. 水循环（ ）

A. 只能使外流区的一部分水体不断更新

B. 促使物质不断从陆地向海洋单向迁移

C. 可缓解不同纬度地区热量收支不平衡

D. 使水资源在任何时候都能够取之不尽

【SOLO思维等级——单点结构水平】

伊利湖、安大略湖分别是北美洲五大湖中最南、最东的湖泊。伊利湖面积约257万平方千米，平均深度18米，最深64米。安大略湖面积约196万平方千米，平均深度86米，最深244米。下图分别示意伊利湖和安大略湖的位置及其1972～1973年蒸发量变化。据此完成下列小题。

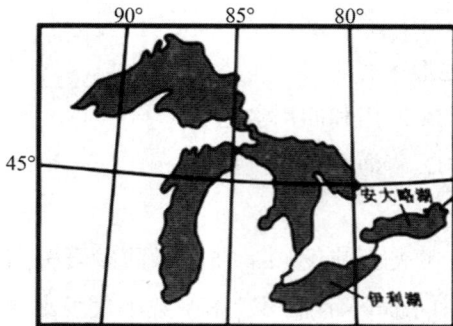

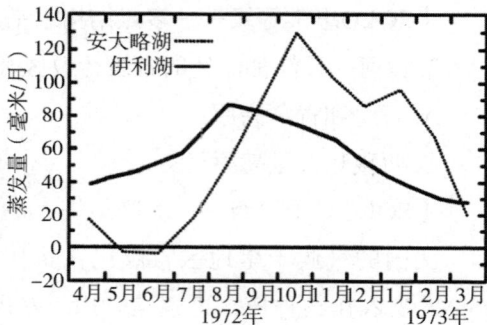

5. 安大略湖蒸发量峰值时间上迟于伊利湖，其主要影响因子是（　　）

A. 面积　　　　　　　B. 深度　　　　　　C. 纬度位置　　　　D. 海陆位置

【SOLO思维等级——关联结构水平】

6. 5～6月安大略湖多雾的原因是（　　）

A. 降水使湖区周边温度降低　　　　　　B. 降水使湖面温度低于周边气温

C. 融冰使湖区周边气温偏低　　　　　　D. 融冰使湖面温度低于周边气温

【SOLO思维等级——多点结构水平】

7. 安大略湖结冰期始于（　　）

A. 10月　　　　　　　B. 11月　　　　　　C. 12月　　　　　　D. 1月

【SOLO思维等级——关联结构水平】

"雨季一来，城里看海"一度成为全民讨论的热点，也是全国多座城市的尴尬。读图比较两种不同地面水循环环节的差异，完成下面小题。

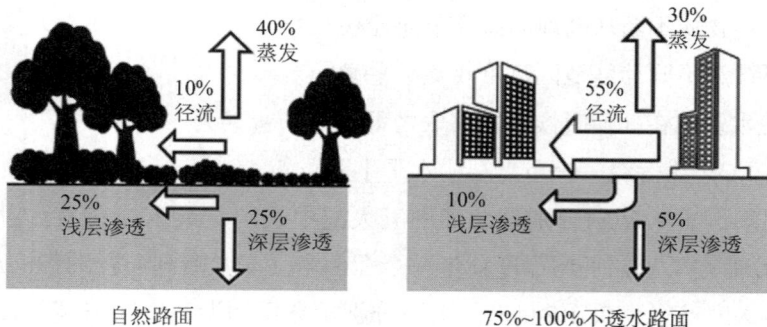

8. 与自然路面相比，城市路面（　　）

A. 下渗明显增多　　　　　　　　　　　B. 地表径流加大

C. 地面蒸发增加　　　　　　　　　　　D. 地下径流增多

【SOLO思维等级——关联结构水平】

9.下列能有效防御城市内涝的措施有（ ）

①采用透水砖；②人工减少降水量；③保护天然池塘、河道；④扩大绿地面积

A.①②④ B.②③④ C.①③④ D.①②③

【SOLO思维等级——多点结构水平】

二、综合题（本大题共9小题，共10分）

10.下图是"淮安市某中学研究性学习小组设计的小区下水道改造前后的管道分布示意图"。读图回答下列问题。

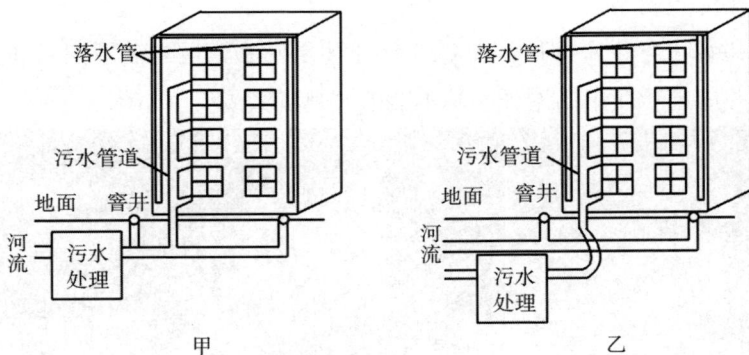

（1）该污水处理方式影响了水循环的（ ）

A.降水环节 B.蒸发环节 C.水汽输送环节 D.径流环节

【SOLO思维等级——单点结构水平】

乙图与甲图的区别在于_____。下水道改造的目的是_____。

【SOLO思维等级——关联结构水平】

（3）请你从资源化角度谈谈图示管道改造的积极意义。

【SOLO思维等级——多点结构水平】

参考答案：1.B 2.A 3.C 4.C 5.B 6.D 7.C 8.B 9.C

10.（1）D

（2）雨水管道与污水管道分离；保护水资源，减少污水处理量。

（3）可将雨水收集起来实现资源化；回灌地下水，缓解地面沉降。

四、低阶跟跑现风采

（学生地理核心素养达水平2，SOLO思维结构可达关联结构）

教师创设真实情境，增强学生学习地理的兴趣。教师注重培养学生思维品质，引导学生思考，促进学生自主思考，积极探索，改变学生只会机械地抄题刷题，扭转不良的学习习惯和方法，学精学透基本原理，达到举一反三，避免陷入题海战术，减少学生不必要的负担，作业减量提质最终达到增效的目的，把学生从繁重的作业任务中解放出来。初阶角色反转根据教学需要可以有多种锻炼渠道。可以讲解对基本概念、基本原理的理解，也可以进行试题讲评，引导学生制作地貌模型。

试题讲评由学生来担任（图4.1），学生能够在试题中获取图形和文字的有效信息，并能进行简单的论证，基本能够"自圆其说"。

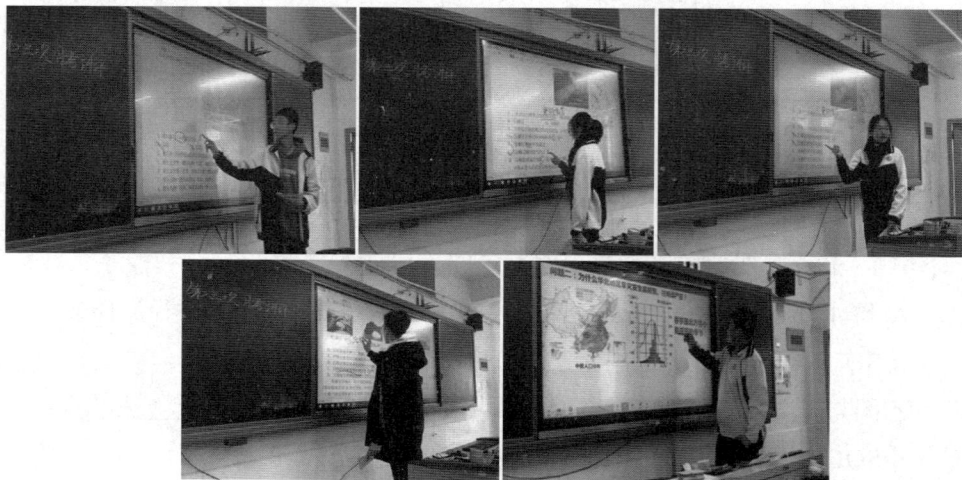

图4.1　学生抽签讲评地理月考试题

学生在分析试题时，语言表达还不够流利，逻辑思维还不够严密，展示的姿态还比较拘谨，在讲台上讲解题目时，经常背对着同学。但锻炼了学生的胆量，语言的表达和组织能力，地理论证能力。

学生学习由被动灌输到主动建构，思维训练开始启动，如下图所示：

图4.2 学生制作喀斯特地貌模型

学生以小组为单位，制作喀斯特地貌模型（图4.2），通过模型的制作，能够更深刻理解地表喀斯特和地下喀斯特地貌的特征。学生在讨论、细心制作模型，在合作和分工中完成学习任务。

学生低阶跟跑风采初现，学生动心、动脑、动手，喜悦之情洋溢在脸上！

第二节　中阶角色反转

所谓角色反转，就是在老师指导下学生可以针对某一主题进行独立学习、研究、尝试制作课件并能登台讲解或演示实验，论证自己的观点。学生SOLO思维已经达到关联结构。

此时，学生角色反转从跟跑到并跑，学生更清楚所学习的地理基本知识、读图能力、表达能力、论证能力等关键能力的提升，能够把地理核心素养与学习相结合。

一、中阶角色反转的内涵

当下，有一部分地理老师为了追求教学进度，在教学中经常揠苗助长。课堂上，教师常常替代学生思考直接呈现答案，留给学生思考时间、表达的机会过少。殊不知，这与中国教育改革的理念背道而驰。2018年1月，《普通高中地理课程标准》明确提出"教育要落实立德树人根本任务""创新培育地理学科核心素养的学习方式"[1]；2019年11月，教育部考试中心发布"中国高考评价体系"，再次指出立德树人是教育的根本任务，教学体系要围绕这个目标来设计[2]。地理课程改革与新一轮高考改革相向而行，教师要积极探索教学方法策略的改变与创新，从注重"教"转向注重"学"，助力学生提高学习成效，最终达到教书育人的目的。为践行新高考和新课标的理念，高中地理课堂角色反转的实践研究应运而生。

（一）地理课堂角色反转的内涵、意义及特征

1.地理课堂角色反转的内涵

地理课堂角色反转以建构主义理论和高考新评价体系理念为指导，以构建学生自主学习为目标，在老师指导下进行深度学习。地理课堂角色反转是老师

---

[1] 教育部.普通高中地理课程标准（2017年版）[S].北京：人民教育出版社，2018.

[2] 教育部考试中心.中国高考评价体系说明[S].北京：人民教育出版社，2019.

在课堂上为学生创造登台展示的机会，学生针对特定主题以"老师"角色当众发表自己的见解——像老师一样来授课，并接受师生的诊断和评价；其他同学既是同伴互助的受众，也是评委；老师负责对学生授课的内容进行专业引领和把控。地理课堂角色反转的教学模式，以学生为主体、教师为引领，形成师生联动的课堂。

2. 地理课堂角色反转的意义

地理课堂角色反转的学生在交流互动中呈现自己学习的状况，有利于教师进行教学诊断和矫治；同时，有利于培养学生自主学习能力和语言表达能力，助力学生成长。面对同样的教材，不同层次学生表现的差异性在班级就会激起涟漪：优秀的学生，赢得老师和同学的肯定和赞许；后进的学生，也得到鼓励。在正能量的引领下，学生跃跃欲试，你追我赶的地理学习氛围就形成了！学生由少数到多数乃至全班学生都参与地理课堂角色反转，学生学习的自觉性和主动性就形成了，地理课堂角色反转能让学生的内驱力得到充分发挥，提高学习效率。

3. 地理课堂角色反转的特征

我国教育家陶行知在教学中特别强调"知行合一"，指出"学"字的意思，是要自己去学，并不是坐而受教。学生从书桌到讲台，看似一小步，实际是一大步。与传统的地理课堂相比，地理课堂角色反转具备以下几个重要的特征。

（1）课堂角色的改变。地理课堂角色反转关键是学生角色的改变：就是在课堂上的某一段时间学生反转成"老师"。地理课堂角色反转改变传统学习方式——老师讲授，学生被动学习。地理课堂角色反转是以学生为中心，参与反转的学生不仅具备对信息进行收集、甄别和整合的能力，而且要清楚表达出来。这样，知识的建构由学生自主完成，克服学生被动听课、"填鸭式"学习。在学生角色反转过程中，学生要围绕地理知识点进行详细的分析——在哪里、有什么、怎么样、为什么这样、有什么不足、有什么影响、有没有解决措施，其中又体现了哪些地理核心素养等。因此，学生克服了学习的盲目性和被动性，领悟地理学科学习的基本方法和规律，培养了学生地理学科素养，最终助力学生成长。教师的角色则转变成导师，不是让学生在课堂上放任自流，而是要做好专业引领、审核把关、激励与欣赏。这种集群、互助、协调的授课模式有利于全体学生积极参与，提高上课效率。

（2）学生学习的过程得到重视。传统的课堂往往注重教科书所呈现的结论，忽视了学生对学科知识的理解和学科技能的掌握需要一个实践、训练的过程。角色反转的课堂教学站位要立足于学生，不能简单地传授地理知识，让学生死记硬背。教师应以学生对地理知识的所知、所思、所感、所困为出发点，培养学生像科学家探索新事物或新现象一样，回归人类探索世界本真状态。地理课堂角色反转更注重过程的生成：学生通过地理野外考察、课堂讨论、观看与地理相关的视频等地理实践，感知某一地理事物表征，透过现象分析其形成机制、发展变化以及产生的影响。这样，学生通过知识的学习，锻炼了能力，培养了地理素养——人地协调观无痕融入地理的学习中。

（3）学习成果发生改变。传统课堂，学生主要是认真听讲、认真做笔记，甚至上课可以一言不发，其重点是知识的输入。而地理课堂角色反转除了具备传统课堂应有的状态外，其重点是知识的输出，能力的锻炼，素养的提升。学生的前置学习对信息进行整理与加工，培养辩证思维与批判性思维；课堂上的小组合作交流，培养学生团体协作能力和语言表达能力。特别是课堂学习成果的交流，更能锻炼学生的综合能力。学生既要考虑内容表达的科学性、逻辑思维的严密性，还要考虑语音高低、语调舒缓、板书书写以及如何组织教学等。因此，参与地理课堂角色反转的学生考量的是其综合素质。

（二）地理课堂角色反转实践建构

地理课堂角色反转需要教师的培育，教师的正确引导为地理课堂角色反转保驾护航。为了培养学生地理课堂角色反转，教师根据学生水平差异和参与角色反转的深度可以分为低阶、中阶和高阶三个层级。低阶角色反转，课堂上以教师为主体，以抢答的方式让学生参与答题。学生回答正确者加以鼓励，回答错误者加以引导，其余学生积极参与思考和辨析。中阶角色反转以学生为主体，以任务驱动进行小组合作探究。优秀学生可以帮助有困惑的学生解答问题，以学生的视角和思维达成共情的学习效果。高阶角色反转——微主题授课，参与高阶反转的学生课前完成相应知识点学习并做成课件在课堂上授课。地理课堂角色反转的层次划分，有利于不同层次的学习都能角色反转，同时有利教师从点、线、面立体把控课堂，最大限度调动学生学习的积极性。

笔者在多年的教学实践中不断总结提升，形成促进学生自主学习、提高学习效率的教学模式——"一核三环角色反转进阶课堂"。其中，"一核"为核心，即落实教学目标；"三环"，即创设情境、引导探究、迁移应用为课堂教学三环节；"角色反转进阶"，即学生由低阶角色向高阶角色反转。在课堂教学纵向上，通过创设情境，导入复习课学习→引导探究，层层落实→迁移应用，检验所学。在课堂教学横向上，按学习任务的难易，学生分层参与，体验角色反转。这样，纵横交织的地理课堂教学就形成了。

二、地理课堂角色反转的教学实践——以《澳大利亚》复习为例

区域地理复习是高考复习的重要内容，教师要培养学生应用高中地理的原理来驾驭初中的区域地理——通过经典案例的复习，学生要总结提升形成区域地理复习的一般方法。以《澳大利亚》复习为例，区域地理复习的基本方法：重复再现建构基础知识→重组建立内在联系→重叠再生解决问题→形成区域可持续发展战略。

1. 课前准备

（1）学生前置学习。教师提前一周时间布置学生前置学习，学生要结合《澳大利亚》复习导学案，预习澳大利亚的自然地理和人文地理、上网收集澳大利亚相关的图片、视频、课件和与之相关高考试题。

（2）学生角色反转梯队的选择。地理课堂角色反转需要的不仅仅是学科素养、学科能力，还要有缜密的逻辑思维能力以及良好的语言表达能力和敢于挑战试错的勇气。因此，角色反转要选择比较优秀的同学作为第一战队，确保第一战队的同学不负众望，一炮打响；随后，第二战队、第三战队相继投入教改实践中。

（3）教师精准制定教学目标和学生角色反转的活动方式。教师根据课标和本节课的核心素养要求、使用的教材和学生已储备的知识精准制定教学目标，确定本节课的教学重点和难点并形成与教学重点和难点相配套的教学方式方法。低阶角色反转以学生抢答式实现角色反转，促进学生面上的参与度；教学重点和教学难点以任务驱动、合作探究实现角色反转，意在突出学习重点、突破学习难点；高阶角色反转则是主题式授课，培养学生地理的综合思维。

2. 课堂活动构建

课堂授课以"一核三环角色反转进阶课堂"为实践模式，教师引领学生纵横驰骋地理课堂。学生是课堂的主角，教师以任务驱动、合作探究和主题授课引领学生角色反转，课堂成为师生合作的舞台。

创设情境　教师导入澳大利亚旅游视频，引导学生复习澳大利亚自然地理和人文地理特征。（学生通过视频学习地理，以抢答的方式参与答题——低阶角色反转）

引导探究　澳大利亚自然地理和人文地理特征内在联系。（以问题为线索引导学生中阶角色反转）

学生对自然地理要素之间的内在联系，以及自然地理对人文地理的相互影响并不是十分清楚，因此，教师预留学生活动的时间，让学生分组、分任务讨论后进行交流——要通过中阶角色反转来弄清本节课的重点和难点。

任务1：分析澳大利亚位置产生的影响？（学生：引导同学读图、识图得出纬度位置决定热量，同时对应相应的气压带和风带。气压带和风带→降水→气候植被）

任务2：分析澳大利亚地形产生的影响？（学生：小组合作模拟实验，用实验探究模拟澳大利亚东西高中间低的地势演示大自流盆地地下水自喷现象。直观展示地形对地下水产生的影响）

任务3：分析澳大利亚气候的成因是什么？（学生：气候由气温和降水组成。气温由纬度决定，而降水由三大要素共同作用形成——①受气压带和风带影响②洋流③地形。）

任务4：分析澳大利亚气候对农业、城市和人口的影响。（学生：农业、城市和人口都是因地制宜，趋利避害的产物。）

以问题为线索，教师指导学生把孤立的知识点联系起来，探讨其内在的联系。学生通过合作探究、讨论、交流、展示学习成果，突出学习难点，提高学习效率。

迁移应用　做高考真题（学生微主题授课——高阶角色反转）

教师精选2019年全国高考Ⅰ卷36题有关澳大利亚试题第一小题。重做与澳大利亚相关的高考题可以检测学生的解题能力：能否快速获取图文显性信息和隐性信息，能否调动知识储备水平，能否有严密的论证过程和规范的文字表达。（学生：重点交流命题思维和解题思路，运用高中原理来驾驭区域地理。强调同学要从情境素材中获取有效信息，结合储备气候图、地形图和人口图等图进行整合，善于运用"区位"引导地理综合分析，并形成答题要点。）

通过重做高考真题，学生明白地理综合思维考查是高考试题呈现的重要内容，学会探究试题本身价值和变式拓展的价值，形成回答问题的共同方法。以澳大利亚复习为载体，人类要尊重自然、合理利用自然资源，形成人与自然和谐相处，最终形成人地协调。

3. 师生总结提升

教师和同学们一起归纳本节课主要内容，进而总结区域地理复习的一般方法。经纬网定位→区域认知→区域地理自然和人文特征及内在的联系→分析有利和不利的自然和人文条件对生产生活的影响→趋利避害达到人地协调；学生通过分析问题→解决问题，得到能力的锻炼和提升，地理核心素养悄然形成了。

（四）教学反思

优点：地理课堂角色反转让学生像老师一样上课，学生不断地探究、交流，调动了学生学习的积极性，课堂气氛比较活跃，学习效率高。本节课教师主讲约10分钟，把其余时间留给学生尝试登台授课，教师要全过程审核把关，为地理课堂角色反转保驾护航。大部分由学生分任务来展示和交流，以对澳大利亚的学习为载体，总结区域地理复习的基本方法。学生更多的精力投入上网查找资料、制作课件、试讲；在学习认知上更注重分析、归纳和综合应用；在教学深度和广度得到保障激发其学习的主动性，激发学生学习的潜能，绽放学生的风采，从而达到预期的学习效果。同时，学生更能体会"台上一分钟，台下十年功"，深入领会教师辛勤的付出。地理课堂角色反转培养学生更加敬畏课堂，感恩岁月静好背后老师辛勤的付出。

缺点是由于授课时间的限制，并不是每一位同学都有机会登台授课，没有登台授课的学生由于投入精力较少，收获也比较少。因此，地理课堂角色高阶反转需要多节课堂滚动，才能让全班学生有机会一展身手。

在新高考背景下，地理课堂角色反转改变传统的教学模式。在2021年漳州二中（福建省二级达标校）施行反转课堂教学后学生地理成绩有所提高。以学生为本，引导学生自主学习，最终助力学生成长。老师为学生提供展示自主学习成果的平台，学生给教师呈现一个新的世界！

三、中阶并跑展魅力——《澳大利亚》复习课课堂花絮

高二区域地理复习，特别适合学生角色反转的教学实践；在基于初中中国地理和世界地理基础知识的基础上，高二区域地理复习侧重分析自然地理和人文地理中某种地理事物发生、发展的原因。课前布置导学提纲，学生自选任务单，上网查阅资料、制作课件再和老师沟通、交流，然后登台授课或演示实验。以下是学生中阶并跑所展示的魅力花絮：

图4.3　学生合作演示承压水自喷现象

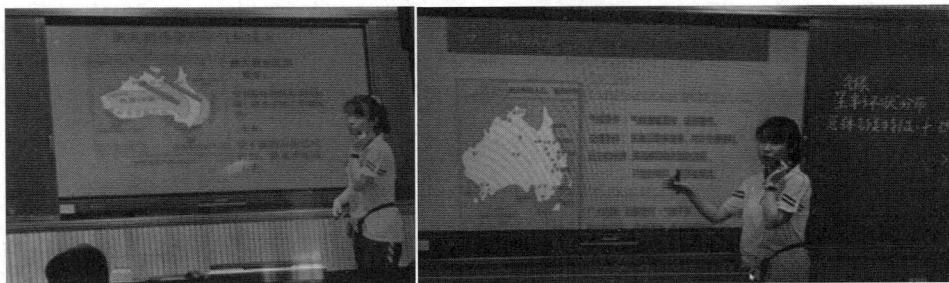

图4.4　学生（1）精彩授课

学生（1）精彩授课，与同学精彩分析澳大利亚气候的类型、分布、成因和影响，学生思维已经达到关联结构，地理综合思维达到水平3。

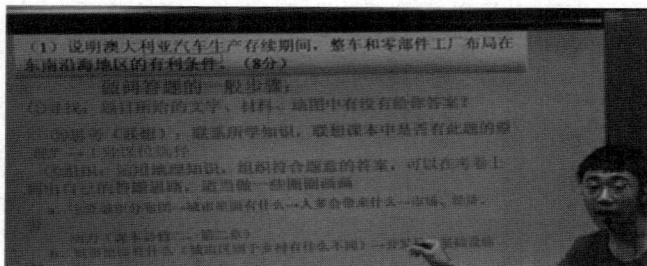

图4.5 学生（2）精彩讲解如何解答高考试题

学生思维已经达到拓展抽象结构，地理综合思维达到水平4级，该生是艺术生，经历长达一年离校到北京培训艺术类课程，依然对地理答题解法非常清楚，思路明确（如图4.6）。学生（2）重点交流解题思路，运用高中原理来驾驭区域地理。由于时间关系，学生（2）针对第一小题进行重点交流：强调同学要从情境素材中获取有效信息，结合储备气候图、地形图、人口图等图进行整合，善于运用"区位"引导地理综合分析，并形成答题要点。在2021年地理高考中成绩达到84分。班上艺术类学生由于掌握地理校学习方法，在2021年地理高考成绩优异！

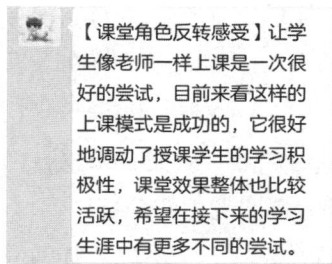

图4.6 学生（2）课后反思

地理课堂角色反转是学生学习方式的改革，笔者2021年在高三（1）班进行教改实验，在高三教学实践中可以适用初中区域地理的复习、主题式复习和练习讲评，适用的范围广，实用性强。"知是行之始，行是知之成"，知行合一，老师通过学生的"行"洞悉学生的"知"，并对学生掌握和应用知识的差异性进行精准辅导。师生根据高考新评价体系、新课程和国内外时政热点，自编校本教材，每位同学根据自己感兴趣的主题深入研究，如"碳中和""碳平衡""精准扶贫""人地协调"和"工农业可持续发展"等热点问题进行资料查找、制作课件、编制试题并在课堂上按照抽签顺序轮流登台展示。同学在交流中不断碰撞出火花，找到地理学习的基本规律：即使高考情境千变万化但每个情境都是华夏民族文化自信的载体，考查的是区域认知、综合思维、地理实践力和人地协调等地理核心素养。经纬网定位→区域认知→自然和人文条件→分析有利和不利自然和人文条件（体现综合思维）→趋利避害达到人地协调→形成尊重自然、顺应自然、保护自然环境；通过分析问题→解决问题，得到能力的锻炼和提升。学生掌握了地理的学习方法，找到学习地理的乐趣。

2021年漳州二中地理高考成绩全年段地理平均分64分，笔者任课班级高三（1）班平均分72分，班级最高分93分（也是年段最高分），优秀率和及格率都是年段第一。

以下是学生角色反转赋能地理核心素养培育的感受：

学生一（2021年地理高考84分）：让学生像老师一样上课是一次很好的尝试，目前来看这样的上课模式是成功的，它很好地调动了授课学生的学习积极性，课堂效果整体也比较活跃，希望在接下来的学习生涯中有更多不同的尝试。

学生二（2021年地理高考81分）：澳大利亚大自流盆地地下水自喷实验感想：通过这次意义非凡的实验，通过学生与老师身份的互换，丰富了我的阅历的同时也让我发现了我的很多不足之处，将在今后的学习生涯中继续勉励自我，砥砺前行。

学生三（2021年地理高考84分）：是在班里自己上过几节课之后对地理有了感觉，才有信心读好地理，感谢老师的栽培！

学生四（2021年地理高考88分）：谢谢老师的鼓励，从刚上讲台的胆怯到后来的从容不迫，地理课堂角色反转让我进步了。

学生五（2021年地理高考93分）：老师谢谢您！今年地理高考与我们平时训练的差不多！地理课堂角色反转，让我掌握了地理学科的学习方法！

地理课堂角色反转改变传统的教学模式，学生由原来的被动接收到主动输出并接受审核，培养了地理学科思维和表达能力。地理课堂角色反转是在教学中研究，在实践中完善。学生建立在初中区域地理知识基础上，结合高中地理原理，在教师指导下进行深度学习。地理课堂角色反转教学模式师生投入精力是常规课堂的3～4倍，一般是一周一次进行教学实践。地理课堂角色反转教学培养学生对信息的收集、整合、甄别能力，像教师一样备课和授课，加强师生深度沟通，培养地理核心素养、锻炼自主学习能力和团队协作能力，得到班主任、家长和地理组同仁的支持。地理课堂角色反转由"填鸭式教学"向"靶向教学"转型，由"机械应试"向"深度学习"转型。地理课堂角色反转为学生打开一扇窗，多一种渠道为学生提供展示自主学习成果的平台，学生给教师呈现一个新的世界。

第三节　高阶角色反转

在老师指导下，老师搭建研究性学习平台，学生可以由课内学习拓展到课外学习，能够和同学进行有计划、分工协作完成某一主题的研究性学习。在这一过程中，学生已经达到solo的关联思维结构甚至达到抽象拓展水平。与之相对应的地理核心素养也达到水平3和水平4的等级。学生角色反转从跟跑、并跑到领跑，学生学习实现质的飞跃。

学生在老师的指导下，开始崭露头角，在学校、漳州市和福建省摘金夺银，荣获省市级一、二等奖！学生通过实践，不断获得成功，赢得同伴的尊敬，增强地理学习的自信心！

2022年，笔者指导高一学生研究性学习《如何让城市不再"看海"》荣获漳州市研究性学习二等奖，2022年荣获漳州市科技创新大赛一等奖，2023年荣获第38届福建省科技创新大赛二等奖。

一、高阶角色反转案例——科技创新

科技创新是推动高质量发展的引擎，是青少年创新素养的提升。漳州二中的9位学生，在笔者等老师指导下经校级到市级再到省级科技创新实践大赛的筛选，一路过五关斩六将，最终斩获第38届福建省科技创新大赛二等奖，研究性学习漳州市二等奖。学生通过角色反转，在老师的指导下，体验、成长、创新，一路高歌猛进，不仅团结协作，获得成功，收获自信，也为学校赢得荣誉。以下为案例实践：

如何让城市不再"看海"？

（一）到城市来"看海"——城市洪涝灾害的表现

2021年7月17日以来，河南出现持续性强降水天气，全省大部出现暴雨、大暴雨，强降水主要集中在西部、北部和中部地区，郑州、焦作、新乡等10地市出现特大暴雨。2021年8月2日下午，第十场"河南省防汛救灾"新闻发布会，截至8月2日12时，郑州市遇难292人，失踪47人。

同样容易发生内涝的地区还有北京、武汉、福建等。

我国在快速城市化的进程中出现了诸多问题，每年频发的城市内涝问题正越发凸显。据统计，过去三年内我国有超过300个城市遭遇内涝，造成重大财产损失，甚至人员伤亡。中国城市内涝现象亟待解决……

（二）探秘城市洪涝灾害的原因

青少年是国家的未来与希望，闽南师范大学附属中学现代城市规划探究小组的学子们肩负着使命与担当，思考着、研究着和实践着——如何让城市不再"看海"！

为什么会发生城市内涝？是天灾，还是人祸？概括起来不外乎由自然原因（天灾）和人为原因（人祸）共同作用而形成的！

1. 自然原因（天灾）

城市建设离不开自然环境，换句话说，城市建设是基于自然环境的基础上进行的。那城市的自然环境是什么呢？根据高中学过的地理知识，城市自然环境包括气候、地形、河流、土壤、植被等因素。自然环境的某个要素异常情况，都有可能诱发城市内涝的发生。如气候异常，降水强度大、历时时间长；在地势低平排水不畅的城市往往容易发生城市内涝。

（1）气候原因。以2021年7月郑州发生特大城市内涝为例，在笔者指导下，学生应用学过的地理知识进行综合分析。郑州属温带季风气候，夏季降水集中，东南季风源源不断把来自太平洋的暖湿气流带到我国东部季风区；东南季风受到南太行山脉的抬升与阻挡，产生锋面雨和地形雨。再加上，气候异常，河南地区的雨带徘徊不前，加剧了降水强度和降水量。降水强度大，历时时间长，是城市产生内涝的主要原因。

（2）地形与河流原因。郑州地处平原地区，地势低洼，排水不畅，更容易发生洪涝灾害。郑州北侧是黄河——"地上河"，夏季来水量大，城市内涝水源无法向黄河排泄。

2. 人为原因（人祸）

（1）城市环境改变自然生态功能。在城市建设过程中，由于片面注重城市经济效益，忽视自然植被、土壤的生态功能，导致城市中植被稀、地表硬化——植被涵养水源生态功能减弱、土壤下渗功能减弱，滞留水量减少。城市大量的硬质铺装，如柏油路、水泥路面，降雨时水渗透性不好，不容易入渗，也容易形成路面的积水。水塘较少，无法贮存大量雨水——湿地蓄水能力不足，雨季常常出现"汇水"的现象形成积水。

（2）城市的热岛效应加剧降水量。由于城市人口密度的增加，城市人口量远远大于乡村，人口密度越大，数量多。城市工厂、汽车排放大量尾气；高楼林立，空调大量使用，人为排热产生城市热岛效应，导致暴雨出现的概率增加，降水集中。

（3）城市排水系统建设滞后。现在国内一些城市排水管网欠账比较多，管道老化，排水标准比较低。有的地方排水设施就不健全，不完善，排水系统建设滞后是造成内涝的一个重要原因。当发生强降雨无法及时排出，排水能力不足造成地面积水。

（三）现代城市规划探究小组的模拟实验

1. 模拟海绵城市蓄水实验——"小实验，大道理"。现代城市规划探究小组为了探究植被、土壤的生态功能，通过模拟实验来验证植被与土壤涵养水源与下渗能力。

（1）实验准备——取土。现代城市规划探究小组同学到江滨挖掘野外自然土壤，土壤种类包括砾石、粗砂、细砂和壤土，为室内研究土壤下渗、蓄水等生态功能做好实验素材准备。

（2）准备实验器材：

①塑料盒装土壤，为研究土壤下渗与蓄水做准备。现代城市规划探究小组同学为了研究自然土壤的下渗能力，从江滨取回砾石、粗砂、细砂和壤土模拟自然土壤按照颗粒大小由粗到细在透明塑料盒铺设完毕。采用透明塑料盒，透视性强，便于观察土壤的下渗和蓄水状况。

②一个透明的1000毫升蓄水壶、一个透明的600毫升水壶和一个500毫升的透明饮料杯（底部打上许多小细孔，倒水后可以模拟大气降水）。

2. 模拟花园城市蓄水实验

现代城市规划探究小组同学，把一壶1600毫升的水，通过模拟大气降水到塑料盒装土壤，研究发现土壤下渗能力强，1600毫升的水全部下渗到土壤底层，并没有蓄积在土壤表层。"小实验，大道理"，本次模拟实验表明：土壤具有强大的下渗能力和蓄水功能。在雨季到来之际，通过土壤的下渗与蓄水，可以把地表水转化成地下水，同时削减洪峰，减少城市内涝（图4.7）。

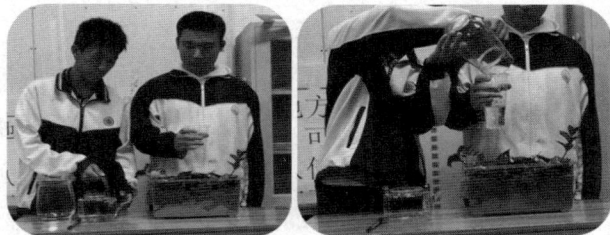

图4.7 学生模拟花园城市蓄水实验

3. 模拟海绵城市与城市硬化对比实验

实验器材：用具有蓄水能力花盆模拟海绵城市，用覆膜的花盆模拟硬化地表城市。

定量：模拟等量的降水。

变量：模拟自然状态的地表与硬化的地表。

观察：地表水量的差异。

实验步骤：

（1）模拟等量大气降水，海绵城市地表蓄积的水量。（在透明塑料盒标注地表水位置）。如下图4.8：

图4.8 学生模拟海绵城市蓄积地表水实验

（2）模拟等量大气降水，城市硬化地表蓄积的水量。（在透明塑料盒标注地表水位置）。如下图4.9：

图4.9 学生模拟硬化城市蓄积的地表水实验

模拟实验结论：等量降水，硬化城市地表比海绵城市地表蓄积更多的水量，产生更多的地表径流，加剧城市内涝。因此，海绵城市具有较强的蓄水能力。

学生在老师的指导下，应用简易器材进行模拟实验，小实验大道理。通过对比实验得出结论：海绵城市拥有强大的蓄水能力，因此我们要提倡海绵城市的建设。

（四）实地考察——"知行合一"

1.研学之旅，回归自然

2021年11月11日，在姚家辉校长带领下，闽南师范大学附属中学高一全体学生奔赴漳州市长泰区小黄山进行为期3天的研学之旅。学生有机会带着目标去研学，结合地理知识亲近大自然，感受天然植被、土壤的生态功能。

2.漳州市区海绵城市考察

老师指导学生观察城市绿化带，让学生意识到绿化带可以在增添绿化功能同时具备下渗与蓄水的生态功能。学生和老师到学校附近的龙文塔遗址公园观察了解人工湖的调水蓄水作用，讨论公园里片片绿地对雨水的吸收功能（图4.10）。

图4.10 学生考察绿化带下渗与蓄水功能

　　学生和老师到南湖公园实地考察湿地的蓄水功能，观察到从公路到人工湖的草坪有一定的坡度，学生讨论认为这样向湖的坡度倾斜是为了让雨水顺流而下，不至于在路面积水。

　　学生和老师到南湖公园实地考察，对硬化路面和草坪的下渗能力进行对比试验，得出草坪的下渗能力远远超出硬化路面（图4.11）。

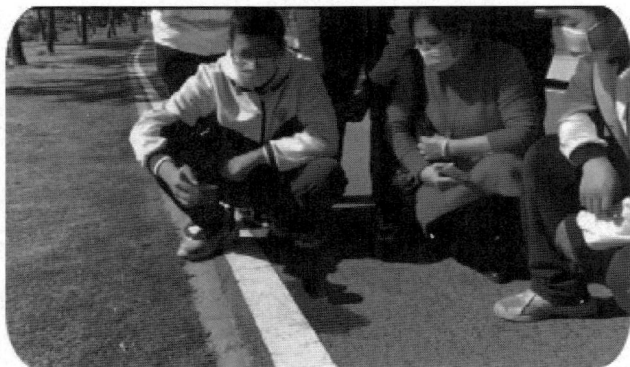

图4.11　张丽玲老师指导学生进行硬化路面与草坪的下渗实验

3. 雨后的漳州市区和校园

　　学生和老师在市区和校园进行雨后实地考察，观察到路面无积水，无渍涝，雨后的漳州更美丽。城市让生活更美丽！

　　（五）网上查找资料——探秘600年的故宫为何不积水？

　　连日来，全国各地持续大雨，使现代化城市排水系统遭受重创，"城中看海"的情形频频出现。可是，近600岁的故宫却为何能不内涝？故宫的排水系统何以有如此强大的功能？

　　人们都好奇，为何故宫不会出现大面积积水。其实，这一方面要感谢古人建筑营造的智慧与匠心，另一方面也得益于今人保护遗产的执着与悉心。

　　故宫排水系统沉淀着世代传承的"工匠精神"，在"天时地利人和"的综合作用下，才造就了今天强大的排水防灾功能。寻找古人的智慧与匠心：在工程上，结合地势营建排水大于降水的复杂而强大的排水系统。

　　（六）解决措施——让城市不再"看海"

　　2017年3月5日中华人民共和国第十二届全国人民代表大会第五次会议上，李克强总理在政府工作报告中提道：推进海绵城市建设，使城市既有"面子", 更有"里子"。

现如今, 国家大力推行"海绵城市"的建设。所谓"海绵城市"是新一代城市雨洪管理概念, 是指城市能够像海绵一样, 在适应环境变化和应对雨水带来的自然灾害等方面具有良好的弹性, 也可称之为"水弹性城市"。"海绵城市"秉承人与自然和谐共生理念, 以顺应自然, 保护原有生态为主, 低影响开发, 使地表径流量减少, 从而减少了内涝灾害的风险。

1. 漳州——国家级海绵城市

漳州将海绵城市理念融入城市开发建设全过程, 因地制宜把城市低洼地、易涝点, 建成多个滞洪区公园, 赋予雨水滞蓄及水源涵养功能, 实现雨水在城市中自由迁移, 打造可自我循环的"绿色海绵体", 告别"看海城市"历史。

2. 闽南师大附中——国家级生态学校

2020年闽南师大附中荣获国家级生态学校称号, 学校建设集生态、园林建设融为一体。园林建设让闽南师范大学附属中学更美丽: 虎纹山林木郁郁葱葱, 有利雨季涵养水源, 降低雨季的坡面径流; 道路透水砖的铺设和绿地可以增加地表水下渗, 多余的地表径流可以蓄积在半月池, 下沉式操场的排水通道可以直排的三湘江。二中校园把生态蓄水与人工建筑排水景观完美结合, 建设成国家园林学校!

（七）感悟与提升

2021年7月17日之后, 全国各地持续大雨, 使现代化城市排水系统遭受重创, "城中看海"的情形频频出现, 对我国的经济造成巨大损失。

什么原因导致城市内涝? 天灾? 人祸? 我们研究性学习全体成员在老师的指导下, 结合高一地理水循环的原理, 分析城市内涝的原因。

我们通过实地考察、上网查找资料并模拟海绵城市、雨水花园实验, 从中得出要解决城市内涝必须树立生态文明理念, 才能让城市不再"看海"!

本次的课题研究收获的不仅是研究中的成果, 更体现了我们团队每个人的团队精神。我们每个人都实实在在地从中受益, 这是这次活动带给我们的双重财富, 相信我们也将终身受用。

二、高阶角色反转案例——实践感悟

神奇的树叶——感悟茶与文化
闽南师大附中（漳州二中）高三（1）班　研究性学习

指导老师：张丽玲

（一）研学生活——青春与茶

为贯彻《国家中长期教育改革和发展规划纲要》中提出的全面实施素质教育的要求，深化基础教育课程改革，全面提升中小学生综合素质逐梦高考，超越自我：闽南师大附中高三学子研学实践活动，数载艰辛将凌顶，不负韶华尽剩勇。近日，我校高三学子在天福石雕园研学社会实践基地开展为期3天的研学活动！对于高三的同学来说，这一年是他们中学生涯的最后一年，每个当下，都更值得珍惜。在这特殊一年里的记忆，将会是今后难得的青春回忆！本次研学活动中心位于天福茶园，在学校、年段、地理组老师周密筹备，为此次研学旅行活动的高效开展做好准备。学生在翠绿的茶园中参观茶园，体验采茶劳动的乐趣，感受制茶的过程，品茗茶饮，体验我国茶文化，弘扬民族文化自信。放飞梦想，绽放青春，让个性在绿水青山中流淌。《神奇的树叶》学习简报示例如下图4.12所示。

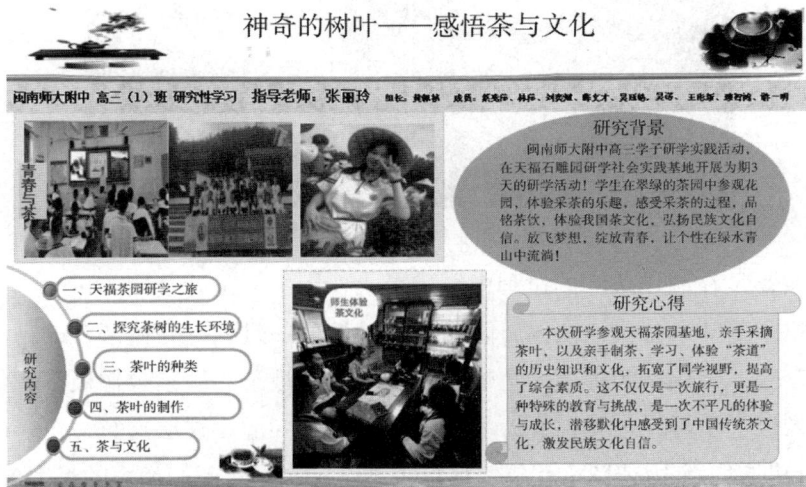

图4.12　《神奇的树叶》研究性学习简报

（二）茶语青春——实践感知

一片片碧翠的青山

一条条葱绿的茶垄

飘过一抹灿烂

戴着斗笠

背着竹篓

承载着青春

茶山中回荡着

一阵阵欢乐的笑语

青春美极了！

这漫山的茶叶与青春有着很多相同之处。茶树郁郁葱葱，青春也是充实有趣；茶树茁壮成长，青春也是生机盎然；茶叶透着清香，青春也蕴含着独有的芬芳（图4.13）。

图4.13　青春的旋律在采茶中绽放

炒茶，是在制作茶叶的过程中利用微火在锅中使茶叶萎凋的手法，通过人工的揉捻令茶叶水分快速蒸发，阻断了茶叶发酵的过程，并使茶汁的精华完全保留的工序。天福茶园师傅示范炒茶，学生体验炒茶。炒茶也像极了我们的人生，也像极了学习，去伪存真，去粗存精，浓香四溢。这层寓意，更多的是一种向往和期望。寒窗苦读十几年，糕粽（高中）却是对他们努力的最大褒奖！

天福石雕园整个景区以石雕形式描述海峡两岸人民血缘相通、文缘相承、俗缘相近、茶缘相同的渊源关系，是一处寓意深刻的爱国主义和人生哲理的教育基地，也是一处风景秀丽的生态观光旅游区。通过参观游览石雕园，同学们了解海峡两岸同根同种，血浓于水的关系，同时也对闽南地区的茶文化进行了探究和考察。

（三）研究心得

本次的课题研究收获的不仅是研究中的成果，更是团队精神的体现。我们每个人都实实在在地从中受益，这是这次活动带给我们的双重财富，相信我们也将终身受用，以下是我们部分组员对本次活动的心得体会（图4.15）。

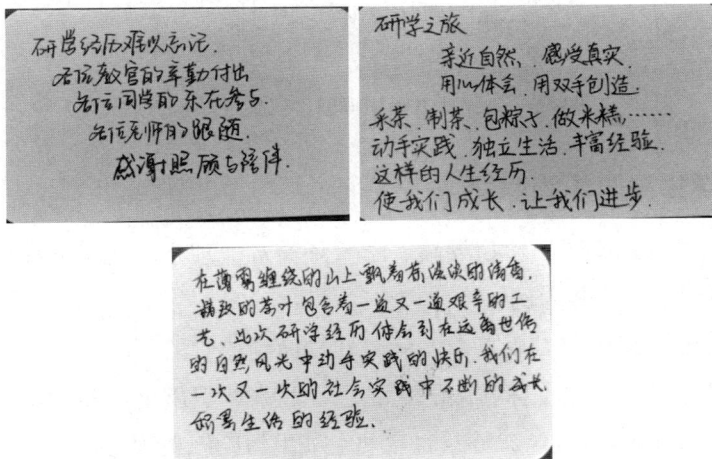

图4.14 学生研学感悟

为期三天参观天福茶园基地，亲手采摘茶叶，以及亲手制茶、学习、体验"茶道"的历史知识和文化，拓宽了同学视野，提高了综合素质。这不仅仅是一次旅行，更是一种特殊的教育与挑战，是一次不平凡的体验与成长，潜移默化中感受到了中国传统茶文化，激发民族文化自信。

（四）结语

本次研学参观天福茶园基地，亲手采摘茶叶，以及亲手制茶、学习、体验"茶道"的历史知识和文化，拓宽了同学视野，提高了综合素质。这不仅仅是一次旅行，更是一种特殊的教育与挑战，是一次不平凡的体验与成长，潜移默化中受到了中国传统茶文化的洗礼，激发了民族文化自信。

荣誉证书

指导老师：张丽玲

你们的研究成果《神奇的树叶》，荣获 2020 年漳州市普通中学"研究性学习"优秀成果一等奖。特发此状，以资鼓励。

漳州市教育局
二〇二〇年十二月二十九日

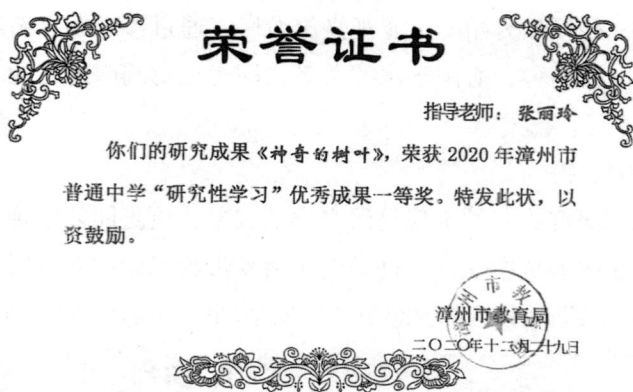

图4.15 张丽玲老师指导获奖研究性学习作品

三、学生高阶领跑蝶变飞

（一）以2015年张丽玲指导高一学生陈毓贤地理小论文《雾霾离漳州有多远》荣获漳州市一等奖为例

"能见度说来也就二百多米，就像开发商到监管的距离，人们在大雾中相互质问和思考……"这首雾霾版的《北京，北京》唱出了很多大城市人民的心声。2015年12月19日7时至22日24时启动空气重污染红色预警措施。2015年12月15日曾一度困扰华北的雾霾天气"转战"华东。2015年12月15日7时，上海发布空气重污染黄色预警。2015年12月14日上午，江苏省气象台也发布霾黄色预警信号。福建省的漳州环境优美，全年空气质量优良率高达99.45%，是福建省的"田园都市，生态之城市"。生态竞争力是漳州的品牌。我们骄傲，我们自豪生活在漳州的青山绿水间！我们习惯地认为雾霾离我们很遥远……

1. 漳州有雾霾吗

漳州有雾霾吗？在漳州人心中雾霾好像离我们很遥远，事实上它早已经悄悄地来了……

雾霾是雾和霾的组合词，雾和霾相同之处为二者都是视程障碍物。其实雾与霾从某种角度来说是有很大差别的。雾是浮游在空中的大量微小水滴或冰晶。霾其形成原因是大量极细微的尘粒、烟粒、盐粒等均匀地浮游在空中，使有效水平能见度小于10千米的空气混浊的现象。符号为"∞"。我国不少地区把阴霾天气现象并入雾一起作为灾害性天气预警预报，统称为"雾霾天气"。

2016年1月5日漳州笼罩在一片雾霾之中。凌晨开始，漳州空气质量指数AQI便在130上下徘徊，出现轻度污染。上午8点多，漳州城区交通还在高峰中，在市区主干道的胜利路，能见度不到200米，芗城区公安大楼，信号塔被大雾笼罩。到上午11时左右，指数不断上升，最高达到了201，这意味着已突破中度污染，短时重度污染。不过，午后指数不断走低，截至19点前，空气质量指数徘徊在100左右，意味着整天的污染程度都达轻度以上。漳州笼罩在一片雾霾之中，众多市民表示意外，总以为雾霾离漳州很远，没想到说来就来了。

环保部的公开数据显示，当日福建省大部分城市空气质量都有所下降，漳州相对全省而言最为严重，排名全省最后（漳州市区空气质量检测点分别设在漳州三中、蓝田、九湖）。雾霾突袭漳州，漳州很多人表示诧异！其实，警钟已经敲响，早在2015年漳州总共有四天污染在轻度污染以上，分别是2015年的1月5、6、24日以及2月15日，主要污染物为$PM_{2.5}$。去年的数据也显示，漳州去年冬天以来空气质量优秀（AQI　0～50）天数不多，大部分等级良（AQI　50～100），主要污染物为$PM_{2.5}$以及PM_{10}，即细颗粒物。漳州人震惊，我们也生活在雾霾中！

2. 漳州雾霾的成因

雾霾污染是由多种因素导致的：其中，主要是漳州市区及周边也存在污染源，加上这段时间有北霾南输过程且市区存在逆温层不易扩散。

（1）人为原因。

①漳州市区目前的污染以尘类污染物为主，除周边城市大气污染扩散输送外，城市道路扬尘、建筑施工扬尘、工业粉尘、垃圾焚烧等都是造成大气污染的主要原因。

②主要来源还是人为排放，主要有机动车尾气，石化、医化及喷涂废气，火电厂二氧化硫、氮氧化物，煤烟尘，餐饮油烟。

③漳州环保部门表示，烧烤、露天焚烧垃圾都是"漳州特色"污染源，为此，呼吁市民少吃烧烤，别露天焚烧垃圾。

（2）自然原因。

①北霾南输。2015年12月31日至2016年1月1日，全省有一个北霾南输过

程。强劲的西北风把北方的雾霾输送到南方地区。环保部的公开数据显示，全国367个实时监控的城市中，2016年1月4日中午，有11.7%的城市处在严重污染中，主要分布在北方；13.1%的城市处在重度污染中，16.3%的城市处在中度污染中，轻度污染的城市占23.7%，空气质量优良的城市占35.2%。

②市区存在逆温层。2016年1月1日至3日全省大气低层受高压后部西南风控制，特别是2016年1月2日起漳州偏南暖湿气流加大，市区存在逆温层，混合层高度偏低，地面风速极小甚至静风，大气的垂直扩散能力和水平扩散条件均较差。2016年1月2日开始，西南气流加强，暖区升温，小风，污染物易堆积，2016年1月3日市区开始出现大范围雾霾天气和轻度污染，AQI指数111。今天上午持续出现雾霾天气，个别时段出现中度污染。

③市区气压低、风力小，空气流通的空间很小，颗粒物难以扩散，大气自我净化能力不够，加上本地自身产生的污染也无法扩散，日均$PM_{2.5}$浓度就增高了。

3. 漳州雾霾应对措施

雾霾会造成空气质量下降，影响生态环境，给人体健康带来较大危害。雾霾天气影响交通安全，出现雾霾天气视野能见度低，空气质量差，容易引发交通堵塞，发生交通事故。我们要行动起来应对雾霾：

（1）政府在行动

①联防联控，环保部门加大巡查力度。在全市生态保护工作会议上，市委、市政府已部署，2016年漳州将重点开展施工、道路扬尘专项整治，巩固延伸胶合板污染企业整治。

据漳州市环保局相关负责人介绍，针对冬春交际雾霾易发的气候特点，漳州市已制定出台《关于做好今冬明春大气污染防治工作的通知》，各县（市、区）人民政府和开发区（投资区）管委会是辖区大气污染防治的责任主体，重点强化漳州市区及周边区域大气污染防治联防联控。

针对漳州市目前存在的主要大气污染情况，市环保局日前已开展大气污染防治重点巡查工作，对市区及周边地区施工、拆迁工地扬尘污染，道路扬尘污染，施工工地非移动源施工机械（打桩机）冒黑烟，工业锅炉冒黑烟，以及露天焚烧垃圾等违法行为，加大巡查力度，督促存在问题的单位及时落实整改，并将巡查结果及时函告相关主管部门，强化工作落实。同时，要求各县（市、区），特别是市区及周边地区环保局要加大巡查力度，及时上报巡查情况。

②应合理规划工业布局，因为漳州的气候为亚热带季风气候，夏季盛行东南风，冬季盛行西北风，所以工厂的设立应分布在垂直于盛行风的郊外，减少大气污染。

（2）我们环保小卫士在行动

"城市是我家，美化靠大家"，我们环保小卫士为漳州享有"田园都市，生态之城"尽一份绵薄之力。要减少雾霾天气，我们必须保护环境。

①加大对环境保护的宣传工作，我们提倡大家使用清洁能源如：太阳能、风能、电能、潮汐能，尽量减少使用煤、石油等矿物燃料。即使要使用，排放的尾气应达标排放，减少雾霾天气。

②人人都应该具有环保意识，地球不是垃圾场，我们不能再往天空、大海、陆地随意排放污气，污水和乱扔垃圾。我们还应该在每年的6月5日世界环境日、6月25日中国土地日、9月16日国际保护臭氧层日、12月29日国际生物多样性日等关于环保的日子在社会、学校、班级宣传环保意识，要以金山银山不如绿水青山的理念来保护地球，地球只有一个，家园只有一个！

③环保行动日常化。我们要做一些力所能及的事：多植树多种草，提高空气质量，为人类造福。我们要好好珍惜身边的环境，减少污染，绿色出行，少开车或乘坐公共交通工具，少使用塑料袋，少使用油性油漆，少吃烧烤、油炸食物，过节时不放或少放鞭炮，这样才能让我们的空气变得更加纯净！这种雾霾天气，我们应该避免它的发生，使我们生活的家园变得更加美丽、清新。

只要"雾"不要"霾"，希望大家的环保意识越来越强，不仅要改善福建的空气还要改善全国的空气，不仅要使福建清新空气任呼吸还要使全国空气任呼吸。让全中国都共享美丽的家园！

（二）"呵护绿色家园"课件、小论文比赛

活动策划：2020年漳州二中地理组通过举办《呵护地球》课件和小论文比赛，加深学生人与自然和谐共处理念，培养学生人地协调的地理素养，促使学生关注生态文明建设，践行绿色低碳生活。

地理组老师认真学习贯彻党的十九大精神，广泛组织学生积极参加，弘扬"绿水青山就是金山银山"生态理念，培养学生健康的生态观！

人与自然是生命共同体。生态环境没有替代品，用之不觉，失之难存。"天地与我并生，而万物与我为一。""天不言而四时行，地不语而百物生。"当人类合理利用、友好保护自然时，自然的回报常常是慷慨的；当人类无序开发、粗暴掠夺自然时，自然的惩罚必然是无情的。人类对大自然的伤害最终会伤及人类自身，这是无法抗拒的规律。"万物各得其和以生，各得其养以成。"

人与自然是生命共同体，人与自然要和谐发展，共生、共荣。既要金山银山，也要绿水青山。

以下为《呵护地球》小论文部分选登。

呵护那一片绿

初一年（11）班　庄彧熙10号　指导老师：张丽玲

绿色，是生命之源；绿色，是地球之肺；绿色，是万物之色……，因此，只有人们齐心保护环境，才能更好地呵护绿色，更好地守护生命！

至今，漫步于街区，我们还会看到随地丢垃圾、扔烟蒂、吐痰等恶习的发生；奔跑于森林，我们还会听到伐木电锯的刺耳鸣叫……但是，大家都清楚这些不良行为所带来的后果吗？

当人们随手破坏环境时，我仿佛听到地球母亲拖着发臭残破的身躯正在呻吟；当化工厂排放恶臭的浓烟时，我听见了地球母亲捶着剧烈起伏的胸脯正在咳嗽；当伐木工使劲挥动电锯时，我听见了地球母亲抚摸着寸草不生的头颅正在哭泣。

每当我听到这令人揪心的声音，看到这残酷不堪的事实时，我沉默了，颊边不禁流淌出泪水，心里却在不停地呐喊："快停下，快停下啊！让我们从身边的点滴小事做起，让地球母亲再次拥有强壮的身躯，健康的器官和浓密的发辫吧！"

如果人类依旧如此放纵地破坏环境，不仅地球母亲会不堪重负地倒下，我们自己也会受到沉重的报应！人类在日渐严重的雾霾中逐渐无法生存，在日益频繁的旱涝灾害中丧失生命……看到这些可怖的后果，我更加坚定地发誓要保护好环境了。

"地球不是一个被榨干的柠檬！"对，只有我们人类用心去呵护那一片绿色，才能建设出一个美好的"地球村"。然而，这并不难：只要你随手捡起一张废纸，你就给地球的容颜增添了美丽；只要你少抽一根香烟，你就为地球的健康做出了贡献！因此，让我们同心协力，为地球母亲奉上一份自己的力量。

习近平总书记曾说过："绿水青山就是金山银山。"没错，只有努力保护环境，人类才能获得更多的财富。有了"绿水青山"我们的生活就能有质的飞跃；有了"绿水青山"经济就能飞速发展；有了"绿水青山"我们的生命就能得到更好的延续。

在今天——这个意义非同小可的"世界环境日"，我作为一名学生，在此呼吁大家："为了明天更好地生活，让我们一起呵护地球上那一片纯净的绿色，为未来的道路奠定更好的基础吧！"

呵护绿色家园

初一（5）班 钟卓然 指导老师：张丽玲

刚开学没多久，就迎来了六月份，说到六月份大部分人首先想到的是儿童节吧！其实在6月5日还有个更重要的日子，那就是世界环境日。

就先说说世界环境日的由来吧！每年6月5日是世界环境日。20世纪60年代以来，世界各国的环境污染与生态破坏日益严重，环境问题逐渐为国际社会所关注。1972年6月5日，联合国举行了第一次人类环境会议，113个国家和地区代表出席会议，就这样，把大会的开幕日定为"世界环境日"。

相信大多人都看过一部电影，这部电影名为《美人鱼》，这部电影中除了人与人鱼间的爱情故事，还有一段话也令我难忘："如果世界上连一滴干净的水，一口新鲜的空气都没有，赚再多的钱，都是死路一条。"

这段几十字的话，却引起很多人的同感。在这个处处是高楼、房屋的现代大都市，帮我们实现自我价值的同时，也让我们渴望回归到大自然的怀抱，感受大自然的平凡朴实，那是多么令人惬意的事情。

还记得前一段时间：我回老家钓鱼，一路上十分激动，想想之前钓鱼，没

1分钟就上钩的快乐。到了那我发现之前那空地被建成一个大工厂，排放出了许多的烟，还有一些十分难闻的味儿，我们到了小河边，远远地就可闻到一种臭味，走近一看"哇"那河水居然黑得像墨水一样，里面还有大大小小，花花绿绿的袋子，鱼都死了，还有一根水管在往里排放污水，我一下就知道，是那工厂干的……

现在我们在享受科技进步的同时，也使我们赖以生存的家园变得越来越脆弱，天空不再明净，不再蔚蓝，我们脚下的土地逐渐成了荒漠。这些都是人们向大自然无知的索取和无尽的贪欲所造成的。

地球，是一个家园，是一个我们的绿色大家园，需要每个人去呵护，来吧！朋友，行动起来吧！让我们共同努力营造出一片清新的环境，世界环境日也是为此而设立！

呵护绿色家园

初一（8）班 郑涵宇 指导老师：张丽玲

"绿水青山就是金山银山"，这是习近平总书记在提出的科学论断。我国的沙漠绿化走在世界前列，可是还有一些环境不十分让人乐观，如黄土高原的水土流失，这除了一些自然原因，主要是人为原因，还有对土地不合理利用，破坏了地面植被和稳定的地形，同时还有人口增加过快导致人地矛盾尖锐。

自然原因主要是干旱、半干旱及亚湿润干旱地区深居大陆腹地，是全球同纬度地区降水最少，蒸发量最大的，最为脆弱的环境地带。当气候变干是最为干旱脆弱的环境地带。近年来频繁发生于我国西北、华北地区的沙尘暴，更加剧了这些地区的荒漠化过程。

而人为原因是：人口增加对土地的压力，是土地荒漠化的直接原因。土地的过度放牧，粗放经营，盲目垦荒，水资源的不合理利用，过度砍伐森林，不合理开矿等人类活动加速荒漠化扩展。

对这些现象应如何治理呢？可采取生物措施，工程措施，以小流域为单元综合治理。

生物措施主要是种树种草，沟壑坡和沟壑里分别种上护林和防侵蚀沟道的植物，这些既可以防止水土流失，保护环境，还可以美化环境，难道不会更好吗？

工程措施指兴修水利。在沟道打坝，淤地拦蓄泥沙，不仅可以防止淤泥沙流入河中，还可以在地上种植庄稼，治沙效果显著。

以小流域为单元的综合治理相当于以一个小流域为一个单元进行综合治理，也就是像毛主席当年打游击战一样，针对各小流域不同的情况进行综合治理，各个击破，不断提高，积少成多，不断完善。

"采菊东篱下，悠然见南山。"这句诗中的美景让我们遥不可及。可是这时，我们将对那姹紫嫣红、白雪皑皑、树影婆娑、五谷丰登心领神会，神圣感油然而生。行动起来吧！为了我们共同的绿色家园，保护她！我们责无旁贷！

（三）闽师大附中举办献礼中国共产党成立100周年——"绿水青山就是金山银山"演讲比赛

2005年习近平总书记提出了"绿水青山就是金山银山"的科学论断，自此全国上下各行各业都在努力践行"绿色发展"的理念。在这建党百年之际，我校地理组围绕"绿水青山就是金山银山"的主题开展演讲比赛，经过初赛，初一年级14位选手挺进决赛。

5月27日下午，闽南师范大学附属中学（漳州二中）地理组主办的建党百年献礼，"绿水青山就是金山银山"演讲比赛在音乐厅拉开帷幕，活动邀请了罗文旺副书记以及地理组老师担任比赛评委，初一年级部分学生观看比赛。

活动首先由罗文旺副校长致辞，他用生动真实的案例为我们讲述了人与自然和谐共处的意义，讲话中透露出浓浓的地理情怀和家国情怀。罗副书记鼓舞在场师生认真学习绿色发展战略，积极做力所能及的事情践行绿色环保的理念。选手们旁征博引，素材丰富，角度多样，有可怕的切尔诺贝利核泄漏事件、有感人的甘肃"六老汉"的治沙事迹、有带领东山人民制服风沙的谷文昌。选手们精神饱满，声情并茂，富有张力，他们演讲的内容也深深打动了场下的观众！从学生们的演讲中可以看出他们前期对"两山论"的认真学习和研讨，也体现了他们对地理学科的热爱！

在激烈的比赛期间，活动还穿插了地理知识抢答环节，学生们跃跃欲试，让活动现场气氛更加活跃（图4.16）。

图4.16　高阶领跑——学生的风采

经过激烈的角逐，评委们根据选手表现评出一、二、三等奖，由罗副书记和地理组各位老师为选手们颁奖并合影留念，演讲比赛圆满结束。本次演讲比赛旨在提升学生们的环境保护意识，加深学生们对"绿水青山就是金山银山"国家战略的理解，也是年轻的一代用实际行动向建党百年献礼。漳州二中地理组通过举办《绿水青山就是金山银山》演讲比赛，加深学生人与自然和谐共处理念，培养学生人地协调的地理素养，促使学生关注生态文明建设，践行绿色低碳生活。以下为演讲比赛实录。

策划：张丽玲

1. 学生撰写主持稿

尊敬的各位领导、老师，亲爱的同学们，大家好！这里是闽南师大附属中学"绿水青山就是金山银山"演讲比赛活动的现场，我是主持人廖紫慧（学生主持）。

在比赛开始之前，请允许我介绍莅临本次活动的评委和嘉宾，他们是罗文旺副书记、地理组教研组长张丽玲和地理组全体教师。

让我们再次对各位领导和嘉宾的到来表示热烈的欢迎。

缤纷的五月，繁花似锦；

激情的五月，生机勃勃，

五月的阳光，格外灿烂，沐浴在阳光下，我们感受到正在燃烧的青春热火！

我们伴随着春阳暖日，生存在蓝天白云下，一个地球就是一个家庭。

建设生态文明是关系人民福祉、关乎民族未来的大计，是实现中国梦的重要内容。

值此建党100周年之际，为响应习近平总书记"绿水青山就是金山银山"的号召，促进我校学子"人地协调意识"，今天我们欢聚一堂，共同迎来了建党百年献礼"绿水青山就是金山银山"演讲比赛。倡导同学们关注生态文明建设，践行绿色低碳生活。

下面请党委副书记罗文旺为本次活动致开幕词。

感谢党委副书记的致辞。下面让我们以热烈的掌声有请我们今天的参赛选手，闪亮登场。

2. 互动环节：地理小游戏

至此，23名同学已全部完成比赛，工作人员正在紧张地统计比赛分数，并评定获奖等级，稍后将公布结果。接下来，进入我们的互动抽奖环节。想参与的同学请举手哦，让我看到你们！只要参加就有丰厚奖品相送哦！

本次比赛的结果已经新鲜出炉了，到底花落谁家呢？在公布结果之前，请参赛选手先有序上台。

下面公布本次活动的最终获奖情况：

荣获三等奖的是……荣获二等奖的是……荣获一等奖的是……

掌声表示祝贺！（老师为获奖者颁奖）

"天不言而四时行，地不语而百物生。"当人类合理利用、友好保护自然时，自然的回报常常是慷慨的；当人类无序开发、粗暴掠夺自然时，自然的惩罚必然是无情的。人类对大自然的伤害最终会伤及人类自身，这是无法抗拒的规律。"万物各得其和以生，各得其养以成。"

人与自然是生命共同体，人与自然要和谐发展，共生、共荣。既要金山银山，也要绿水青山。

下面我宣布，闽南师大附属中学"绿水青山就是金山银山"演讲比赛活动圆满结束！

3. 活动总结

漳州二中地理组在组长张丽玲老师带领下，通过举办《绿水青山就是金山银山》演讲比赛，加深学生人与自然和谐共处理念，培养学生人地协调的地理素养，促使学生关注生态文明建设，践行绿色低碳生活，献礼中国共产党建党100周年。

地理组老师认真学习贯彻党的十九大精神，广泛组织学生积极参加，弘扬"绿水青山就是金山银山"生态理念，培养学生健康的生态观！

人与自然是生命共同体，人与自然要和谐发展，共生、共荣。既要金山银山，也要绿水青山。

4. 优秀作品选登

绿水青山就是金山银山（演讲稿）

高二（6）班　林嘉乐　指导教师：张丽玲

我国古代大思想家庄子曾说过这样一句话："天地与我并生，而万物与我为一。"大家好，就今天我演讲的主题是"绿水青山就是金山银山"，贯彻、践行、发展习近平总书记新时代保护与开发关系新理念。"绿水青山就是金山银山"，这是2005年8月时任浙江省委书记的习近平在浙江湖州安吉考察时提出的科学论断。这与庄子的话有异曲同工之妙。在此，大家觉得人类征服自然了吗？回答这个问题前，我们先来看一组照片……

看完这组照片，想必大家心中都有答案了，恩格斯说过这样一句话：不要过分陶醉于我们对自然界的胜利，对于每一次这样的胜利，自然界都对我们进行了报复。人类对大自然进行了大规模的破坏，纵然，这种破坏并不是每个人都想看到的。但是，巨大的利益面前又有几个人能不为之动容呢？

我曾看到过一句话：人类社会文明的巅峰就是大自然受害最重之时。但是，其实我对这句话并不完全认同。因为这句话将人类的发展与环境的保护推向了对立面，认为发展就注定会带来破坏，但是，事实上，环境发展与生态破坏并没有直接的联系，这只是一些奢望多快好省地发展，不断提高不必要的资源需求以满足自我的国家为自己在环境保护上的不负责任寻找的理由。

在经济发展的过程中，浙江一些地方发生了对绿水青山造成破坏的现象，为此，坚守"绿水青山就是金山银山"的理念，必须加强环境的治理与生态的修复工作，重新恢复绿水青山。特别是近年来，浙江省大力推进"五水共治""三改一拆"等工作，对破坏了的环境进行深入广泛的整治，擦洗了浙江大地上的污垢，重新焕发生机与活力，重塑了绿水青山的美丽景象。从2005年到2015年，科学论断提出10年来，浙江干部群众把美丽浙江作为可持续发展的最大本钱，护美绿水青山、做大金山银山，不断丰富发展经济和保护生态之间的辩证关系，在实践中将"绿水青山就是金山银山"化为生动的现实，已成为千万群众的自觉行动。

随着我国经济、科技水平的发展，习近平总书记不忘初心，将绿水青山就是金山银山这一理念从浙江生态建设推广到国家生态建设上来，这不只是一句响亮的口号，更是一个个真实的行动，"三北"防护林体系工程、长江中上游防护林体系建设工程，沿海防护林体系建设工程，平原绿化工程，防沙治沙工程，淮河太湖流域防护林体系建设工程，辽河流域防护林体系建设工程，珠江流域防护林体系建设工程，黄河中游防护林工程以及滇池生态恢复工程并称为我国十大生态工程。这是中国在生态建设上交出的中国方案。

有付出就有收获，中国在生态建设的方面取得的成就举世瞩目，生态修复成果斐然。这不仅是习近平新时代的生态理念，更是中华文化五千年的历史积淀，正如庄子所说，天地与我并生，而万物与我为一，人类从来都不是超脱自然之外的物种，哪怕过了千万年，我们依旧在喝着水，吃着粮食，依旧要依靠自然生存，没有改变。当然这并不等同于人类不能独立发展，科技的发展使人类能在一定程度上能够直面大自然，而不用像其他动物一样过着茹毛饮血的生活。我们要在发展与保护中寻找平衡点，促进人与自然和谐共生，践行绿水青山就是金山银山的发展理念，其次要落实责任，强化制度保障。"只有实行最严格的制度、最严密的法治，才能为生态文明建设提供保障"愿中华大地绿水蓝天永在！

（四）"保护环境，呵护地球"地理简报比赛

1.活动策划

活动背景：在以习近平同志为核心的党中央的坚强领导下，以习近平生态文明思想作为指引，中国人民凝心聚力，坚定不移走绿色发展之路，人与自然和谐共生的美丽中国正在从蓝图变为现实。

为了积极响应党的十九届六中全会有关生态文明建设的重大决议，学习

贯彻习近平新时代生态文明建设思想，积极响应世界水日、中国水周等环保主题日的精神，增强全校师生关注环境问题、建设美丽中国的环保意识，2021—2022下半学年，漳州二中地理教研组举行了以"保护环境，呵护地球"为主题的地理简报比赛。

活动安排：活动由漳州二中地理教研组组织开展，本次简报比赛面向初一、高一年段全体学生。地理教师提前说明"保护环境，呵护地球"简报比赛信息，并做好指导工作，学生投稿上交作品视为参赛。收集、整理作品后，由地理组教师担任评委，评出一等奖、二等奖、三等奖、鼓励奖，并进行表彰。

活动要求：

（1）主题鲜明：贯彻习近平新时代生态文明建设重要思想，以自己关心的环保问题为主题，引导学生关注生态环境问题，体现坚定不移走绿色发展之路，展望人与自然和谐共生的美好蓝图。

（2）简报作品的纸张大小以A4纸为标准。

（3）简报上交截止日期：2022年4月18日。

（4）每份作品背面要求注明班级、作者。

（5）内容要求积极向上，取材新颖，杜绝抄袭。

时间安排：

（1）参赛时间：2022年4月4日—2022年4月18日

（2）评选时间：2022年4月19日—2022年4月22日

组织机构和评委：

（1）本活动由漳州二中地理教研组策划并组织开展

（2）评委由漳州二中地理教研组地理老师和实习老师（4人）共同担任。

2. 活动记录

漳州二中地理组积极响应党的十九届六中全会精神，在习近平生态文明思想指引下，举办"保护环境，呵护地球"地理简报比赛。

生态兴则文明兴。建设生态文明是关系人民福祉、关乎民族未来的大计，是实现中华民族伟大复兴的重要战略内容。正值三、四月份之交，适逢植树节、世界森林日、世界水日、世界地球日等环保主题节日，为积极响应习近平总书记"绿水青山就是金山银山"的号召，培养我校学子"人与自然和谐共生"理念，2022年4月上旬，我校地理教研组在初一、高一年段举办"保护环境，呵护地球"地理简报比赛，倡导同学们"像保护眼睛一样保护生态环境，像对待生命一样对待生态环境"，守护生态环境，践行绿色低碳生活。

　　本次地理简报比赛以"保护环境，呵护地球"为主题，为学生提供了自由创作的平台，引导学生关注生态环境问题，进一步学习好、宣传好、贯彻好习近平生态文明思想，引起学生们广泛参与。为了成功举办"保护环境，呵护地球"地理简报比赛，我校地理教研组于4月初便向各班学生传达比赛信息，鼓励学生积极参赛。由地理老师向同学们介绍了三、四月份一些关于保护生态环境的主题日，例如：3月12日植树节、3月21日世界森林日、3月22日世界水日、3月23日世界气象日、4月22日世界地球日……让同学们依据这些环境保护主题日收集材料，选择自己最关注的环境问题，绘制一份图文结合、色彩鲜明的地理简报。本次地理简报比赛分为初一年段、高一年段两部分。

　　2022年4月19日上午，地理组老师分别于漳州二中三好楼初一、高一年段办公室，严格按照评比细则，开展简报评选工作，共同评选本次比赛的获奖作品。

　　经过近一个多小时的评比工作，最终评选出高中部许家绮等十三名同学为一等奖、初中部许偌萱等三十八名同学为一等奖。漳州二中地理组通过举办"保护环境，呵护地球"地理简报比赛，践行"绿水青山就是金山银山"发展理念，加强学生"坚持人与自然和谐共生"观念，培养学生人地协调的地理素养，促使学生关注生态文明建设、践行绿色低碳生活，共同为美丽中国的画卷涂抹上最美的色彩。

　　3. 简报展示

初一（6）班　蒋金君　　　　　　初一（10）班　罗梓云

初一（6）班　黄钰涵

初一（6）班　姚佳莹

初一（10）班　胡凌云

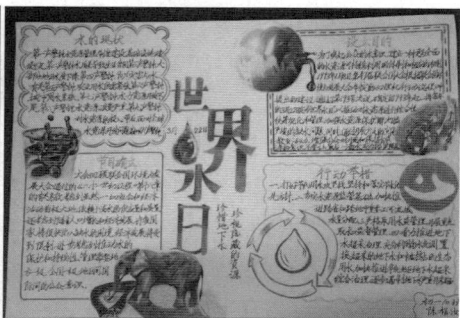
初一（10）班　陈柏汝

初一（5）班　周佳盈

初一（10）班　陈佳慧

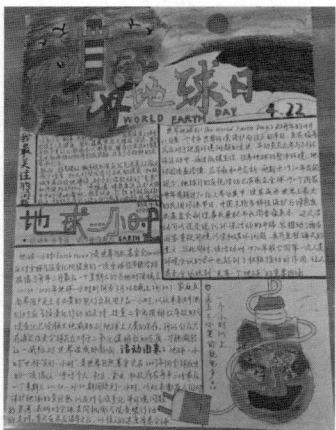

高一（5）班　杨钰婷

高一（6）班　许家绮

高一（4）班　林语汐

高一（4）班　徐蓉婷

高一（6）班　张子怡、谢昀莹、
郑柏均、陈冠霖

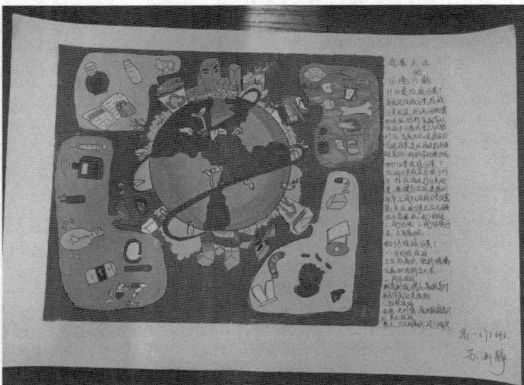

高一（7）班　苏涵静

高一（7）班　赖芙蓉

高一（4）班　李依凡

高一（5）班　蔡旻妏

高一（7）班　林雅鸿

高一（5）班　郑美美

高一（5）班　谭　成

高一（5）班 李心茜

高一（7）班 郑紫嫣

高一（7）班 黄思琦

高一（7）班 何陈鸿

高一（2）班 郭卓婧

高一（7）班 杨悦婷

高一（2）班　方妍舒　　　　高一（6）班　方静妍

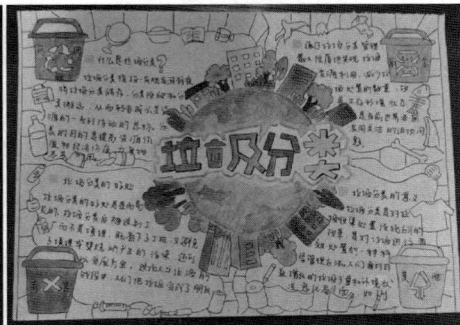

4.学年活动总结

为响应国家对"人与自然和谐共生"的号召，漳州二中地理组举办"保护环境，呵护地球"地理简报比赛，培养学生人地协调的地理素养，同时呼吁学生广泛投身于美丽中国建设中去。

地理组老师认真学习贯彻党的十九届六中全会精神，广泛组织学生积极参加，弘扬"绿水青山就是金山银山"生态理念，培养学生健康的生态观！

此次比赛既为学生提供了展现风采的平台，也在一定程度上向学生普及了环境保护的相关知识，为建设人与自然和谐共生的美丽家园凝聚共识、汇聚力量。在作品征集过程中，各班学生集思广益，认真搜集资料，精心策划与筹备，用自己手中的画笔，勾勒出一幅幅色彩缤纷又意义深刻的简报。

通过本次比赛，学生在实践中上了一堂深刻、生动的"环保知识课"，更加深入地了解了习近平生态文明思想，引导学生从身边小事做起，将绿色融入生活的方方面面，珍惜资源，共建绿色家园。

人与自然是生命共同体，人与自然要和谐发展，共生、共荣。我们要像保护眼睛一样保护生态环境，像对待生命一样对待生态环境。

第五章 成效——赋能多方

　　角色反转以福建省高中地理基地校为抓手，教研结合，教学相长，取得了一系列开拓性、引领性和标志性的教学成果；并得到省市级教育主管部门的肯定。地理角色反转赋能多方成效，尤其在优化地理核心素养培育、加快师资成长和造就学校办学品牌等方面得到跨越式发展！

第一节　优化地理核心素养培育

著者从研究如何"教"到研究如何"学"，再到如何"评"，直至"教""学""评""达"一体化的角色反转，一步一步助力学生核心素养培育！

漳州二中地理课堂角色反转教学模式，率先在高中部启动，由高中向初中拓展，带动整个地理组教学改革。该校从2012年以来地理课堂角色反转不断探索，取得了良好的成效。

图5.1 地理课堂角色反转发展历程图

一、成绩斐然，实现跨越

地理课堂角色反转由"填鸭式教学"向"靶向教学"转型，由"机械应试"向"深度学习"转型。地理课堂角色反转为学生打开一扇窗，多一种渠道为学生提供展示自主学习成果的平台，学生给老师呈现一个新的世界。

2021届漳州二中（福建省二级达标校）高考成绩全年段地理平均分64分，高中实验班进行三年地理课堂角色反转教学实践，实验班平均分72分，班级最高分93分（也是年段最高分），优秀率和及格率都是年段第一。漳州二中2021高三（1）班（高考物理选考）高考各科平均分转化成百分制对比，（数据来源于学生问卷调查）如下图5.3、图5.4。

从图5.2高三作业时长可以看出，不管是历史班还是物理班，数学和英语占用的时间最多，而地理课后作业的时长最短。结合两班的高考百分制成绩看，地理学科作业最少，而高考成绩最好。这说明：以学生为主体，角色反转撬动学生深入学习，课堂效率高；无须过多占用学生课余时间。2021年，50名艺体生在近一年外出学习艺术或体育专业，高考成绩依然高达86分，大部分学生地理高考成绩在70分段和80分段。艺术生和体育生的地理成绩没有因为专业的学习而成绩下降。当学生一旦掌握学习地理的方法并经常以"搭""展""评""达"教学联动助力学生赋能地理核心素养培育，符合我国新课程、新高考、新教材"三新"改革和双减政策下创新的教学模式。

图5.2　高中各科作业时长对比图

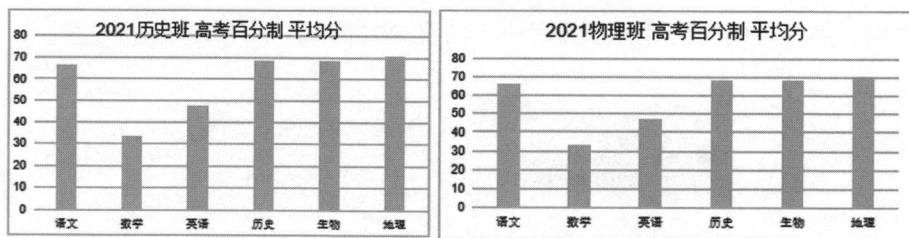

图5.3　2021实验班高考各科平均分转化成百分制对比图

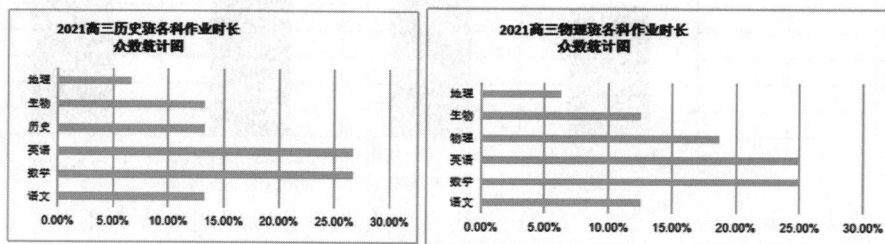

图5.4　2021届高三（1）班学生高考成绩

对2021届某同学三年地理成绩进行跟踪统计，数据来源于智学网统计漳州市期末统考成绩，如下表。

表5.1 2021届某同学三年地理成绩跟踪统计表

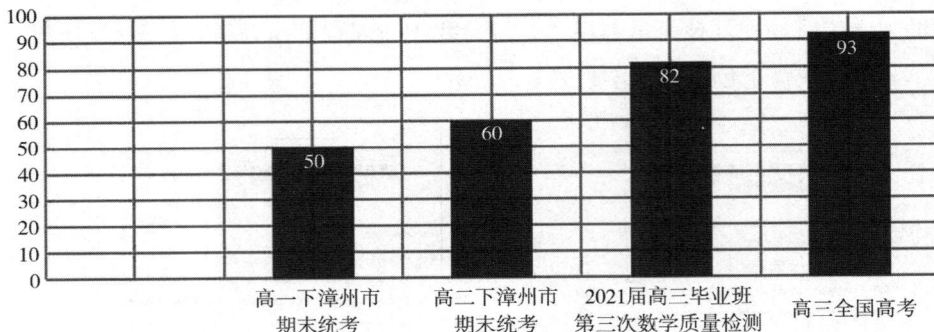

从表5.1可以看出，高一（1）班某同学从高一下地理期末统考不及格，到高三年段第一（93分），地理成绩是逐步提升，不断进步。学生在高考成绩揭晓之际，第一时间与老师分享高考成绩的喜悦之情。

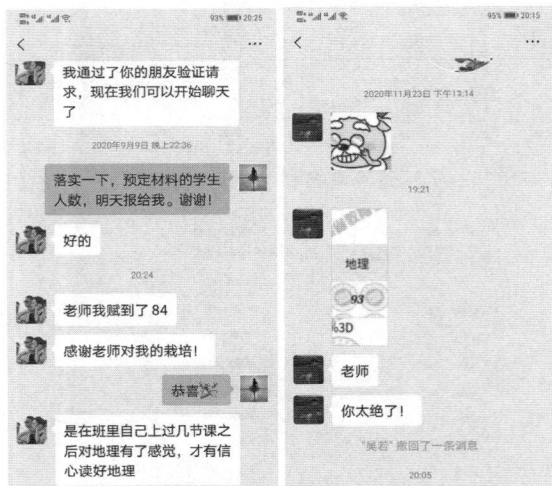

图5.5 艺体生反馈高考成绩

2021届艺体生和普高生地理高考成绩斐然，他们在成功之际不忘与老师分享，学生的成功是老师最大的愿望。回首来时路，2021届学生的成长如下图5.6～图5.8所示。

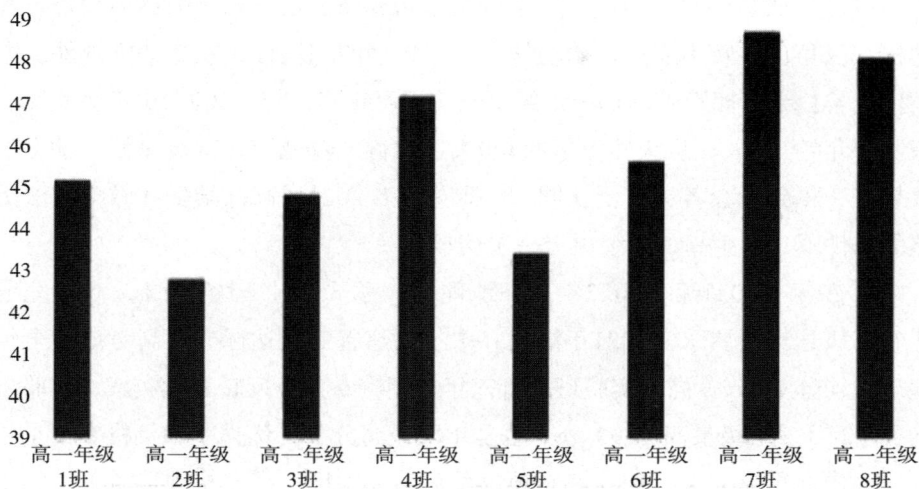

图5.6　漳州二中2018—2019学年下学期高一地理期末质量检测（漳州市期末统考）

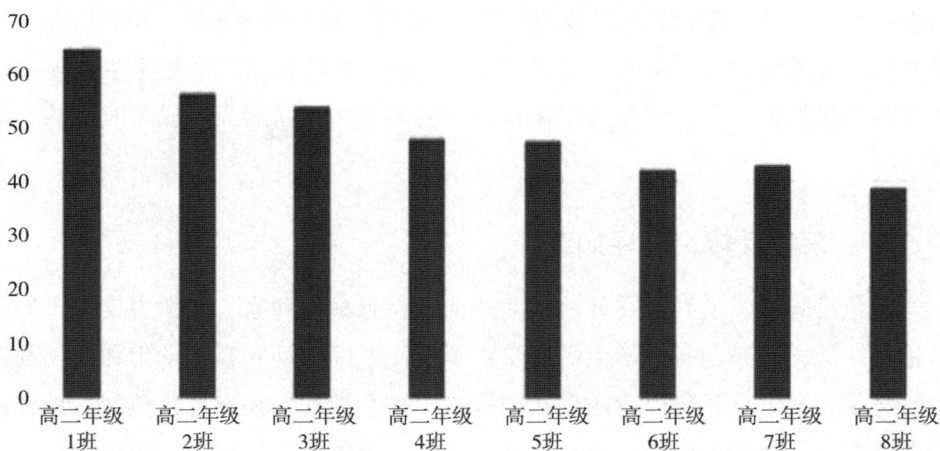

图5.7　漳州二中2020—2021高二年下学期地理期末质量检测

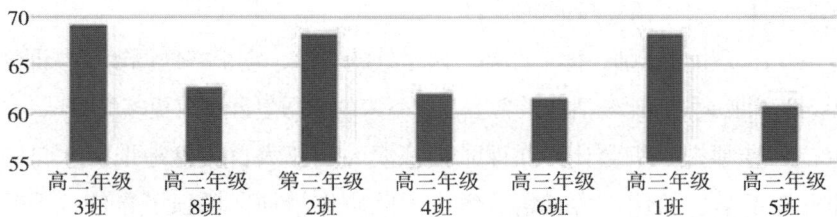

图5.8　漳州市2021届第三毕业班第三次教学质量检测——平均分

以2021届高中学生为例，二中进校原始成绩远远不如一级达标校乃至私立学校，以角色反转为支点，撬动学生学习地理的积极性，赋能课堂内外，助力学生成长！十年探索带动10项市级研究性学习获奖，带动100人次市级奖励、校级奖每年约100人、班级奖每年约300人，践行"双减"，减负提效，学生学习效果好，得到社会各界广泛认同和一致好评！2022届高三学生在教学方法更成熟的条件下，学生高考成绩更上一层楼！

2020年、2021年、2022年高一地理学业考试通过率达100%，超额完成福建省二级达标校要求。2021年漳州二中（福建省二级达标校）高考成绩全年段地理平均分64分，高中实验班进行三年地理课堂角色反转教学实践，实验班平均分72分，班级最高分93分（也是年段最高分），优秀率和及格率都是年段第一。由此可见，参与地理课堂角色反转的实验班（高考物理选考）的学生，他们的高考成绩中，地理是高考分数的贡献科目。2022年，漳州二中（福建省二级达标校）高考成绩全年段地理平均分68分，最高分93分。2021届和2022届地理高考成绩斐然，更有力地说明：只要教学方法得当，凸显学生主体性，在老师的保驾护航下，依然可以在新课改的洪流中屹立潮头，成为时代的弄潮儿。

二、角色反转，好评如潮

角色反转教学实践，在教改实践的前期得到学生和家长的大力支持，教与学相互扶持，一路前行！学生的进步，不仅使老师感动欣慰，学生和家长都是感同身受。学生从死记硬背的模式中解脱出来，地理的兴趣与日俱增，地理核心素养在潜移默化中内化，喜悦之情洋溢在学生的脸上。教师、学生与家长建立微信交流群，对地理课堂改革进行及时反馈。如下图5.7所示。

以下是学生、家长角色反转感受：

学生一：让学生像老师一样上课是一次很好的尝试，它很好地调动了授课学生的学习积极性，课堂气氛比较活跃，希望在接下来的学习生涯中有更多的尝试。

学生二：老师提供机会让我在课堂模拟澳大利亚大自流盆地地下水自喷实验，老师发挥了学生的创造力、培养学生团队协作精神，增强了自信，同时对学好地理充满信心。

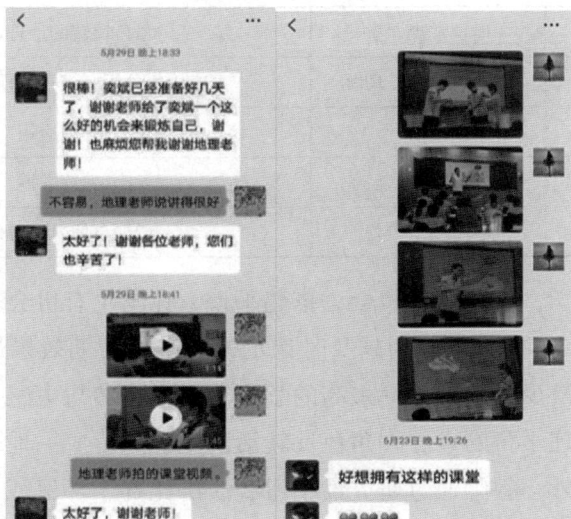

图5.7 师生、家校微信交流

学生三：是在班里自己上过几节课之后对地理有了感觉，才有信心读好地理，地理高考成绩不负众望！

学生四：谢谢老师的鼓励，从刚上讲台的胆怯到后来的从容不迫，地理课堂角色反转让我进步了。

学生五：老师谢谢您！地理课堂角色反转，让我掌握了地理学科的学习方法、地理素养！

学生六：老师，我很想拥有这样的课堂！

学生家长：感谢老师创造机会让学生锻炼，我为学生的授课风采而自豪！

老师以导演的角色引导、审核、欣赏和记录学生的成长。地理常规课堂与地理课堂角色反转差异如下表5.2所示：

表 5.2 地理常规课堂与角色反转的地理课堂之间的差别

项目	地理常规课堂	角色反转的地理课堂
教师	主讲	引领、激励、沟通、欣赏
学生	学生被动听课	建构、集群、互助、协调
课前	预习	研究课标、教材、上网查找资料、制作课件、试讲
上课	听讲	展示实力与魅力

续表

项目	地理常规课堂	角色反转的地理课堂
认知水平	知道、领会、理解	应用、分析、综合、评价、创造
核心素养	模糊	熟练应用
关键能力	依葫芦画瓢	熟练掌握
效果	学习效果较差	增加自信、赢得信任

作为普通中学，老师创造机会，搭建平台，让学生有机会获奖，甚至是口头表扬（2000 多人次），特别是及时肯定，对学生帮助效果最显著。地理学科成为课后作业最少，学习效率最高的学科。学生在参与中感受向上、向前的"正能量"，地理学科的素养在角色反转活动中悄然形成。地理课堂角色反转由课内拓展到课外，教师通过研究性学习、演讲比赛、环保征文、课件制作、思维导图、环保简报比赛和研学实践（学校协调组织）等平台，激励学生参加课外活动。课内原理指导课外实践，课外实践促进课内地理学习；地理课堂内外联动，地理学科成为学生喜爱的品牌学科！

第二节 加快师资成长过程

笔者在平凡的教学岗位，演绎教学人生；在新课改的洪流中，积极探索，勇于创新，探索出适合学生、体验、成长的创新教学模式，在教育教学中发挥示范引领作用！

一、教研结合，助力名师成长

笔者自1997年6月毕业于福建师范大学以来，在教学中研究，在研究中教学，担任九届高三毕业班的教学工作，教学成绩斐然，深受学习领导和学生的好评！从一名普通教师成长为漳州市"优秀教师""学科带头人""十佳教师""研究型名师""优秀名师"。担任闽南师范大学附属中学地理教研组长、漳州市名师工作室成员、闽南师范大学历史地理学院课例教师和校外辅导员和福建省高中地理基地校负责人，引领示范福建省地理教育教学。

（一）研究性学习，摘金夺银

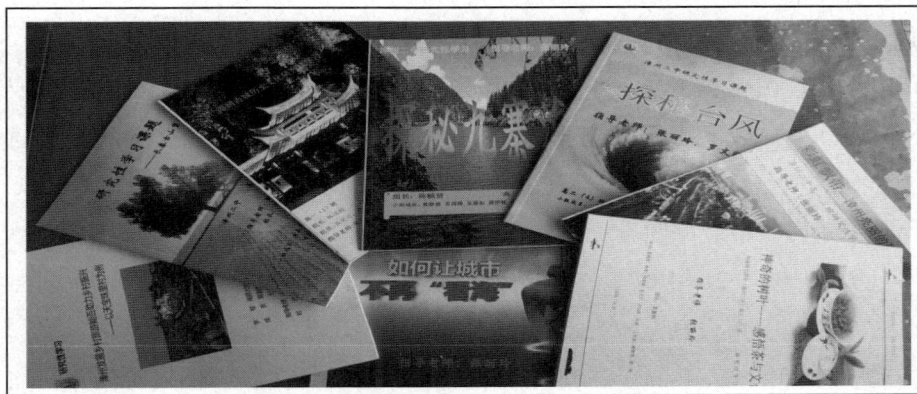

图5.8 获奖课程

表5.3 2012年以来张丽玲指导学生获奖统计表

序号	时间	名称	指导老师	级别
	2012.12	《长泰古山重考察》	张丽玲	市一等奖
1	2017.12	《探秘九寨沟》	张丽玲	市二等奖
2	2018.12	《漳州古城》	张丽玲	市二等奖
3	2018.12	《彩虹飘带——漳州亮丽的风景线》	张丽玲	市一等奖
4	2019.12	《探秘台风》	张丽玲	市二等奖
5	2020.12	《神奇的树叶》	张丽玲	市一等奖
6	2022.12	《如何让城市不再"看海"》	张丽玲	市二等奖
7	2023.4	《如何让城市不再"看海"》第38届科创大赛	张丽玲	省二等奖

表头注：2012.9——2022.9张丽玲指导学生研究性学习科技创新获奖汇总表

笔者采用角色反转教学模式，成功撬动学生学习的内生动力，调动学生学习积极性。学生积极参加研究性学习并积极参加省市级比赛，学生研究性学习的硕果累累，捷报频传！

（二）主持多项课题研究——两项省级课题，五项市级课题

张丽玲带领漳州二中地理组老师在实践中研究，在研究中实践。

1.主持两项省级课题

①2020.09—2022.09，主持福建省教育科学"十三五"规划课题"高考新评价体系下普通高中地理课堂角色反转的教学研究"立项单位：福建省教育科学规划领导小组办公室，课题批准：FJJKXB20-513，2022.8.31结题。

②2020.09—2023.08，主持2020年福建省基础教育课程教学研究立项课题"SOLO分类视域下地理课堂学习评价的实践研究"立项单位：福建省普通教育教学研究室，立项批准号：MJYKT2020-062，已结题。

2.主持四项市级课题

①2011.09—2014.08，主持"新课程背景下，开发地理课程的探索与实践"立项单位：市普教室，批准号：ZPKY11082，已结题。

②2015.09—2017.11，主持"地理生本课堂三部曲教学模式研究"立项单位：市教育局，已结题。

③2016.09—2019.08，主持"地理核心素养视域下学生人地协调观的培养"立项单位：漳州市普通教育教学研究室，立项批准号：ZPKTZ16003，市

级重点课题，已结题。

④2019.09—2021.08，主持"'两山论'校本课程助力培养学生家国情怀建构研究"立项单位：漳州市教育局重点课题，批准号：ZPKTZ19041，立项单位：漳州市教育科学研究院，已结题。

（三）助力论文撰写——七篇论文、三篇汇编

1.七篇论文

①《解析 2010 福建文综地理选择题及相应的命题特点》发表在《福建基础教育研究》（CN35-1298/G4）2010年第8期。

②《突破"气压带和风带"教学瓶颈三步曲》发表在《福建基础教育研究》（CN35-1298/G4）2011年第2期。

③《地理课堂有效性的探索与实践》发表在《福建基础教育研究》（CN35-1298/G4）2012 年第 2 期。

④《新课程背景下地理教材整合艺术》发表在《福建基础教育研究》（CN35-1298/G4）2015 年第 5 期。

⑤《创设情境 引导探究 迁移应用——地理生本课堂三步曲模式研究》发表在《中学地理教学参考》（CN61-1035/G4）2018年第4期。

⑥《高考新评价体系下地理课堂角色反转助力学习成效的实践研究——"澳大利亚"相关知识高三复习为例》发表在《高考》（CN22-1372/G4）2022年第4期。

⑦《SOLO分类视域下地理课堂学习评价的教学实践——以人教版2019新课程"地域文化与城乡景观"》（CN35-1240/G4）2022年第6期。

2.三篇汇编

①张丽玲《创设情境 引导探究 迁移应用——地理生本课堂三步曲教学模式研究》入选《核心素养视野下的教师专业发展：漳州实践》（ISBN 978-7-5444-4013-4）黄江辉主编。

②《高中地理优秀教案》（ISBN 978-7-80660-668-1）张丽玲为该书编委之一。

③张丽玲《气压带和风带》入选《高中地理新课程教学设计与评析》（ISBN 978-7-04-024629-2）叶回玉、郑云清主编。

二、名师引领，协同进步

笔者以课题研究为抓手探索研训一体模式，把地理组全体成员凝聚在一起，形成教学和教研研究共同体，引领、指导同组教师，大家在教研中一起成长。沈素玲老师获得漳州市学科十佳教师、漳州市地理学科带头，郑月娜老师荣获漳州市地理教育质量先进个人称号。

引领青年教师进行"地理课堂角色反转"教学实践，促进青年教师快速成长。笔者悉心指导和培养青年教师，在省市级教学技能比赛、微课程课件评比、一师一优课等活动中获得佳绩，蓝澜老师的《黄土高原》在"一师一优课"比赛中荣获市级一等奖、省级一等奖和部优奖，指导郑月娜、柯国明、黄莉舒在各类市级学科、研究性学习比赛中荣获一、二等奖。

教学策略的改变，融入新课改理念，培育了"三新"课改下的新工匠，尤其是新教师得到快速成长！所指导的新教师自2016年9月工作以来，把"搭、展、评、达——地理课堂角色反转教学模式"带入地理课堂，短短几年的教学实践，斩获多项荣誉："漳州市第五届中小学教师技能大赛一等奖""福建省基础教育精品课"省优、荣获"一师一优课"省优和部优（指导老师张丽玲）、"全国人教版初中地理微格教学技能赛第三名"等市级、省级、国家级等多项教学奖项（图5.8）。

图5.9　张丽玲所指导的青年教师获奖证书

本课题组教师以教研为抓手、以省市级课题为突破口，以福建省高中地理基地校为平台，立足课堂为实践。作为教研组长，笔者负责全组教研工作，带领全组成员进行教育实践，整组教师交流互鉴、不断取得新突破。闽南师范大学附属中学地理组教师先后10人次获省市级教学奖励、带动10项省级课题、11项市级课题、发表20篇论文。

第三节　造就学校办学品牌

"搭·展·评·达"——角色反转运用于地理教育教学实践，取得了一系列开拓性、引领性和标志性的教学成果。地理课堂角色反转赋能地理核心素养培育得到省市级教育主管部门的肯定。以基地校为抓手，以课堂为阵地，教研结合，闽南师范大学附属中学地理教育得到跨越式发展。

一、造就学校办学品牌

随着高考新评价体系、新课程、新教材的推进，以及2021年双减政策的落地，国家配套改革逐步实施，反转课堂教学研究继续向纵深方向发展，立德树人、为国育才成为一线老师的使命与担当！地理组教研促进学校品牌提升，笔者主持两项市级教学成果奖和福建省高中基地校地理学科建设。

（1）2020年7月，《创设情境 引导探究 迁移应用——地理生本课堂三部曲教学模式研究》荣获市教学成果二等奖。

（2）2022年5月，"搭·展·评·达——地理课堂角色反转教学模式的探索与实践"荣获市教学成果一等奖 并送省参评。

（3）2020年12月，福建省漳州市第二中学（闽南师范大学附属中学）成为福建省基础教育地理学科高中地理基地校。负责人张丽玲，负责地理学科基地校建设，促进学校品牌提升！漳州二中先后荣获"教研先进集体"、初中高中"教育教学质量先进学校"和"漳州市高中英才计划培养基地"。

漳州二中是福建省二级达标校，但地理学科的教学成绩在漳州市公立学校中不断崭露头角。高中地理学业成绩历年都是100%通过率，高考成绩年年超过漳州市教育局下达的目标，地理中考成绩在漳州市市直学校中排名数一数二，超过部分省一级达标校水平。2019年5月21日，福建省漳州市第二中学成为闽南师范大学附属中学，也是闽南师范大学历史地理学院师范生的教育实践基地；2020年12月，福建省漳州市第二中学成为福建省基础教育高中地理学科教研基地校培育单位，笔者成为引领基地校和课题研究的负责人。

二、深耕课堂，培育地理核心素养

教师贯彻国家教育方针，以新课标和高考新评价体系理念为指导，践行"立德树人"的根本任务，培养学生地理核心素养。

（一）疫情期间响应国家号召——停课不停学，线上钉钉授课忙

闽师大地理教研组成员共12人，人数不多但实际上是一个学科教研的整体，积极开展学科研究的团队，尤其2020年新冠肺炎疫情期间开发在线教学资源、开展线上教学，实现停课不停学，同时高中、初中部的老师积极开展面向全市的学科教学在线交流研讨，罗文旺副书记、曾鸿涛在全市初中名师论坛上线上授课，促进全市地理教师专业成长。采用教学教研实践和网络平台相结合的运行机制，对于教学过程中出现的问题及时发现并作为问题或课题提出，利用日常一线教学的平台在实践中进行探究，并把相关的感悟和体会通过教研共享、交流，不断取长补短，发挥整体效益。2019—2020学年下闽南师大附中（漳州二中）地理组线上课例，如下表5.4所示：

表5.4　2019—2020学年下闽南师大附中（漳州二中）地理组线上课例

序号	学段	教师	课题名称
1	高二	张丽玲	《地理综合思维指导与训练》系列课程
2	高三	沈素玲	高三省质检试卷讲评
3	高三	郑月娜	高三省质检讲评（综合题部分）
4	高一	张小珍	《以种植业为主的农业地域类型》
5	高一	柯国明	《工业的区位选择》
6	初二	黄莉舒	《复习欧洲西部和中东》
7	初二	林国城	《复习地形图的判读》
8	初二	严丽清	《四大地理区域》
9	初一	曾鸿涛	《澳大利亚》
10	初一	蓝澜	《我们生活的大洲——亚洲》

（二）积极开展省级、市级公开课、讲座和送培送教下乡活动

闽南师大附中地理组教师在不同的时间结合不同的授课主题，展示教研组的教研成果，为省市教育同仁展示课改的教研成果，在交流互鉴中彰显闽南师大附中地理组教师的风采！

表5.5　张丽玲团队省市级公开课

序号	时间	级别	主题	地点	类别	教师
1	2011.7.31	市级	《地理高考战略战术》	闽南师范大学历史与社会发展学院	漳州市首届地理学科带头人培训	张丽玲
2	2012.10.12	市级	《地理高考"能力立意"及教学导向》	漳州市普教室	漳州市高中毕业班学科会议	张丽玲
3	2014.07.31	市级	《地理教材的整合艺术》	闽南师范大学历史与社会发展学院	漳州市第三期地理学科带头人培训	张丽玲
4	2014.07.31	市级	《打造高效的地理课堂教学》	闽南师范大学历史与社会发展学院	漳州市第三期地理学科带头人培训	张丽玲
5	2016.07.22	市级	《剖析"2016全国地理高考Ⅰ卷"及教学启示》	闽南师范大学历史与社会发展学院	漳州市第四期地理学科带头人培训	张丽玲
6	2017.11.24	市级	《气压带风带高考专题复习》	东山一中	送培送教下乡	张丽玲
7	2018.04.13	市级	《高三复习课——风向的判定》	南靖一中	送培送教下乡	张丽玲
8	2018.03.30	省级	《洋流》观摩课	漳州二中	福建省教育厅2017"福建省初中地理乡村教师素质提升工程培训班"	张丽玲
9	2018.10.23	市级	同课异构：新课《气压带和风带》	漳州人学校立	名师工作室送培送教下乡	张丽玲
10	2019.03.22	市级	同课异构：《农业的区位选择》	长泰二中	送培送教下乡	张丽玲

序号	时间	级别	主题	地点	类别	教师
11	2020.10.10	省级	片段教学指导讲座	银佳宾馆	福建省教育厅2020"福建省初中地理乡村教师素质提升工程培训班"	张丽玲
12	2020.11.17	市级	《资源的跨区域调配》	漳州五中	名师工作室送培送教下乡	张丽玲
13	2020.11.23	市级	《资源的跨区域调配》	南靖一中	名师工作室送培送教下乡	张丽玲
14	2020.12.02	省级	《片段教学》的讲座	银佳宾馆	"福建省教育厅办公室关于下达2020年省级基础教育师资培训学员"	张丽玲
15	2021.11.17	省级	《气压带风带》	福建省普教室	福建省基地校研讨会议	张丽玲
16	2023.04.13	省级	《SOLO课堂评价赋能地理核心素养培育》讲座	福建省普教室	福建省基地校研讨会议	张丽玲
17	2018.12.25	"部级"优课	《世界上最大的黄土堆积区——黄土高原》	福建省教育厅	2018年"一师一优课、一课一名师"	蓝澜
18	2019.10.25	市级	同课异构：《自然灾害》	南靖一中	送培送教下乡	蓝澜
19	2019.10.31	省级	《亚洲自然环境》	省普教室	优课比赛	蓝澜
20	2019.12.18	省级	片段教学讲座	漳州	福建省教育厅2020"福建省初中地理乡村教师素质提升工程培训班"	蓝澜
21	2020.10.20	省级	同课异构：《土地资源》	漳州	福建省教育厅2020"福建省初中地理乡村教师素质提升工程培训班"	蓝澜
22	2022.12.08	省级	《因地制宜发展农业》	漳州	2022年福建省基础教育乡村教师下沉式培训	蓝澜

续表

序号	时间	级别	主题	地点	类别	教师
23	2022.04.16	市级	《印度》	碧湖中学	名师工作室"送培送教下乡"活动	蓝澜
24	2019.10.22	市级	《河流地貌的发育》	闽南师范大学附属中学	漳州市十校联盟教研	沈素玲
25	2019.11.26	市级	《荒漠化的防治》	闽南师范大学附属中学	教学开放周	沈素玲
26	2019.09.24	市级	同课异构：《地球和地球仪》	闽南师范大学附属中学	送培送教下乡	曾鸿涛
27	2019.10.22	市级	《水资源》	闽南师范大学附属中学	开放周	林国城
28	2020.12.22	市级	《区域农业发展问题探究——以东北黑土流失为例》	闽南师范大学附属中学	同课异构	黄莉舒
29	2021.05.11	市级	《乡村振兴》	闽南师范大学附属中学	同课异构	黄莉舒
30	2021.11.30	市级	《喀斯特地貌与经济建设》	闽南师范大学附属中学	市中心城区教研	黄莉舒
31	2022.10.19	省级	《热力环流》	闽南师范大学附属中学	福建省基地校研讨会议	黄莉舒
32	2023.04.12	省级	《服务业区位因素及其变化》	龙岩四中	福建省基地校研讨会议	张小珍

三、引领教学改革，总结研究成果

（一）总结研究成果，撰写教学论文

闽师大附中地理教研组关注教育教学改革前沿动态，积极参与新课程实验，在教学实践中引领教学改革、研究课堂教学；不断研究探讨学科课堂教学、信息技术与学科教学的整合，探索实施优化课堂教学、转变教师教学方式、改进学生学习方式的新途径、新方法；结合课程改革，开展教师和学生评价改革的研究。工作室成员围绕解决有价值的教育教学问题开展课题研究并形成相应的成果，形成了一批教科研成果，撰写出一批高质量论文或专著，促进学科教学的理论建设。郑月娜《合作教学在高中地理教学中的时间探索》发表于《中华辞赋》；2018年11月曾鸿涛《地理核心素养视域下学生人地协调观的培养》发表在《考试周刊》2019年1月刊（CN22-1381/G4）。

教研结合，每位教师把教学改革渗透到课堂教学并及时总结、提升，不断提高地理教育专业素养，提升教育教学水平。

（二）引领教学改革，编写校本课程

地理教研组以市级重点课题《"两山论"校本课程助力培养学生家国情怀建构研究》为主线开发校本课程——"绿水青山就是金山银山校本课程系列丛书"有：张丽玲《中国生态环境建设》和《行走的地理》以及《传统民居与自然环境》、郑月娜《走向生态文明》、黄莉舒《人与生态和谐发展》、林国城《美丽乡村》、曾鸿涛《垃圾分类》、严丽清《绿水青山之航拍赏析》、张小珍《清洁能源》、柯国明《洁净城市》、沈素玲《环境教育》、蓝澜《有限的耕地资源》、陈昕《环保从我做起》。

结合地理学科特点，渗透立德树人有关"五位一体"国家战略中生态教育理念，让学生提升和拓展教材内容，做一个环保小卫士，积极响应"绿水青山就是金山银山"的号召，并带动学生以此为主题开展"垃圾分类从我做起""呵护地球人人有责"等社团活动和研究性学习。

（三）以问题为课题，引领教学改革

问题即课题，地理教研组学员不断解决教学过程中出现的一系列课题研究。"教不研，则虚；研不教则空。"闽师大附中地理教研组已经参与或主持10项省级课题、10项市级课题研究（表5.6）。

表5.6　张丽玲团队参与或主持省市级课题

教师	参与或主持各级别课题
郑月娜	1. 市级《地理核心素养视域下人地协调观的培养》成员
	2. 市级重点课题《"两山论"校本课程助力培养学生家国情怀建构研究》核心成员
	3. 省级《基于核心素养目标建构下高中地理区域认知的教学评价的研究》成员
	4. 省级《高考新评价体系下普通高中地理课堂角色反转的教学研究》成员
	5. 省级《SOLO分类视域下地理课堂学习评价的实践研究》成员

续表

教师	参与或主持各级别课题
严丽清	1. 市级《地理核心素养视域下学生人地协调观的培养》核心成员 2. 市级重点课题《"两山论"校本课程助力培养学生家国情怀建构研究》成员 3. 省级《高考新评价体系下普通高中地理课堂角色反转的教学研究》成员
张小珍	1. 市级《地理核心素养视域下学生人地协调观的培养》成员 2. 市级《新课程背景下，开发地理课程的探索与实践》核心成员 3. 市级重点课题《"两山论"校本课程助力培养学生家国情怀建构研究》成员 4. 市级《提高高中化学、地理会考及格率的方法研究》核心成员
黄莉舒	1. 市级《地理核心素养视域下学生人地协调观的培养》成员 2. 市级重点课题《"两山论"校本课程助力培养学生家国情怀建构研究》成员 3. 省级《高考新评价体系下普通高中地理课堂角色反转的教学研究》核心成员 4. 省级《SOLO分类视域下地理课堂学习评价的实践研究》核心成员
张丽玲	1. 省级《新课程背景下，地理课堂教学有效性的探索与实践》主持人 2. 市级《新课程背景下，开发地理课程的探索与实践》主持人 3. 市级2017年《地理生本课堂三部曲教学模式研究》主持人 4. 市级重点课题《地理核心素养视域下学生人地协调观的培养》主持人 5. 市级重点课题《"两山论"校本课程助力培养学生家国情怀建构研究》主持人 6. 省级《高考新评价体系下普通高中地理课堂角色反转的教学研究》主持人 7. 省级《SOLO分类视域下地理课堂学习评价的实践研究》主持人
沈素玲	1. 市级《地理核心素养视域下学生人地协调观的培养》成员 2. 两山论校本课程助力培养学生家国情怀建构研究，市级，成员 3. 基于核心素养目标建构下高中地理区域认知的教学评价的研究，省级，核心成员 4. 省级《SOLO分类视域下地理课堂学习评价的实践研究》成员
林国城	1. 市级《地理核心素养视域下学生人地协调观的培养》核心成员 2. 市级《"两山论"校本课程助力培养学生家国情怀建构研究》成员 3. 市级《提高高中化学、地理会考及格率的方法研究》核心成员 4. 省级《高考新评价体系下普通高中地理课堂角色反转的教学研究》成员
曾鸿涛	1. 市级《地理核心素养视域下学生人地协调观的培养》核心成员 2. 省级《高考新评价体系下普通高中地理课堂角色反转的教学研究》成员 3. 省级《SOLO分类视域下地理课堂学习评价的实践研究》成员

教师	参与或主持各级别课题
罗文旺	1. 市级《"两山论"校本课程助力培养学生家国情怀建构研究》成员 2. 省级《高考新评价体系下普通高中地理课堂角色反转的教学研究》成员 3. 省级《SOLO分类视域下地理课堂学习评价的实践研究》成员
蓝澜	1. 市级《"两山论"校本课程助力培养学生家国情怀建构研究》成员 2. 省级《高考新评价体系下普通高中地理课堂角色反转的教学研究》成员 3. 省级《SOLO分类视域下地理课堂学习评价的实践研究》核心成员
柯国明	1. 市级《地理核心素养视域下学生人地协调观的培养》成员 2.《"两山论"校本课程助力培养学生家国情怀建构研究》核心成员 3. 省级《高考新评价体系下普通高中地理课堂角色反转的教学研究》成员

"问渠哪得清如许，为有源头活水来"，师生频频获奖的根本原因在于地理教研组老师贯彻教育部的课改精神，创立与国家顶层设计理念一致的教学模式统领教学，并得到专家和学生的认可！地理课堂角色反转改变传统的教学模式，由"被动学习"向"主动学习"转型，老师为学生提供展示自主学习成果的平台，学生给教师呈现一个新的世界！

第六章　成果推广——由点到面

　　该教学成果以学生为中心，通过角色反转撬动学生展示并审视自我学习的结果，师生一起诊断、评价该生所学的知识处在何种思维水平，通过知其行而诊其知，去其误，扶其正，最终达成学习目标。在笔者引领下，从高中地理教学推广至初中地理教学，乃至二中其他学科的教学实践；从二中推广至兄弟校和高校。经过多年的实践检验，角色反转教学模式适用面广，教学效果好！

　　本课题是培养学生既会"学"又会"教"，最终学会自主高效学习的教学尝试。课题组成员纷纷表示对课题的反复认真研讨、论证的方式，对自己教研能力的提高有极大的帮助，并表示对做好此省级课题充满信心，既要仰望星空，又要脚踏实地。

　　闽南师大附属中学地理教研组在笔者带领下，把握时代发展的脉搏，与时俱进，不断学习，勇于创新、开拓进取精神，发挥团队协作精神，以"立德树人，全面发展"为理念培养学生地理核心素养；以课堂为主阵地，探索高效、魅力的地理课堂。

　　应用此方法所教的学生能快乐学地理，爱地理，地理成绩优秀！学生走向成功，同时教师可操作性强，易于经验的推广！建立以学生为本的生本课堂，改变教师"满堂灌"穿新鞋走老路的"涛声依旧"似的以教师为核心的课堂模式。关注学生学习过程，学生个体差异，关注学生学习的"近期发展点"、已经储备的知识点、学习的困惑点、学生的兴趣点。有利于教师不断学习，与时俱进，随着时代的发展，不断研究学生、不断寻找新的情境作为学生探究的素材和检验学习成果的试金石！

第一节　校级推广

一、与时俱进，把握时代脉搏

笔者主持每周一次地理组常规教研，学习2020年地理新课程标准、地理新高考评价体系和新中考，以"立德树人，全面发展"为办学理念，要求本组老师更新教学理念，与时俱进。新时代的地理教师有高尚的师德、进取的精神、坚强的意志、学习的态度、反思的习惯、良好的心态。

学校教学成果推广，在地理教研组内，通过每周二上午教研组会议，由笔者引领组内参与学习、培训和研讨以及开示范课的方式进行教学和研究，角色反转的教学模式由被动学习观摩走向主动学习。经过组内多次研讨、开课，最终形成一致的观点并走进地理学科各年段课堂。笔者开观摩课指导学习，备课组长开汇报课、精品课，角色反转教学模式在地理组内进一步推广。

二、名师引领，提升科研水平

"教不研则虚，研不教则空"，教育科研是提升教师综合素质的有效途径，闽师大地理教研组笔者根据漳州市教育局关于教学工作开展的有关文件精神，树立"问题即课题，解决问题就是研究成果"的意识，积极开展课题研究，在教育科研方面开展了一系列有效的工作。

把握新课程，学习新课标。要求全组教师要与时俱进，培养新一代学生——指向地理核心素养的课堂教学！角色反转教学模式成功在课堂上站稳脚跟并不断发展充实：高中反转以SOLO思维分类关联结构和拓展抽象结构为主，初中以SOLO思维分类中的单点结构和多点结构为主，辅之以关联结构。高中和初中因学生发展水平不同，各有侧重。笔者做好研究计划，制定好每个研究阶段每个成员的任务分配，以提高课题研究的可行性和时效性。2020年在校领导的高度重视和有效组织下，在姚家辉校长的带领下，闽南师大附属中学成功成为福建省基础教育地理学科教研基地校培训单位。基地校以课题为抓手，以研促教，教研相长。

笔者在中学地理教育教学和教育科研中均积累了一定的经验，在公开课和研究课的开设方面具有比较丰富的经验，为学校地理教师的公开课、研究课等活动提供了备课指导，帮助他们从课程目标的确定到课堂策略、教与学方式、教学评价等策略的制定等方面进行研讨，受到学校和老师们的欢迎。闽师大地理教研组成员到各学校参加教研，深入课堂进行听课、评课等活动；结合漳州市中学地理试题征集及优秀试题评选、研究性学习等学科竞赛活动，探索研训一体模式，指导青年教师进步。沈素玲老师获得漳州市学科十佳教师、漳州市地理学科带头人称号，郑月娜老师荣获漳州市地理教育质量先进个人称号。

三、教研延伸，第二课堂拓展

随着角色反转教学不断深入，由课堂45分钟向课外活动拓展。以学生为中心，笔者引领地理组老师每年都举办参加市级研究性学习（每项不超过10人），并荣获市级一、二等奖。每年举办以"绿水青山就是金山银山"为主题的演讲比赛，经过彩排和决赛最终评选出校级一、二、三等奖。在疫情期间，教师搭建在家独立完成"呵护家园手抄报比赛"和"爱护环境课件制作比赛"。教师搭建适合学生身心发育、关注资源短缺、生态破坏和环境污染等环境问题作为学生自主学习并进行展示的平台。大部分学生的作品形式与内容与活动主题高度契合，教师对作品进行评价的同时也深深被学生完美的作品所感动！

民居建筑是立体的画，无声的诗，它是人地协调的典范。笔者及地理教研组成员为了培养学生人地协调的地理核心素养，以传统民居与地理环境关系学生演讲比赛作为切入点，让学生收集世界及中国传统民居特色；并深入研究影响民居建筑的自然原因（包括气候、地形、河流及植被等自然原因进行综合探究）。

为了成功举办传统民居与地理环境关系学生演讲比赛，早在寒假期间，地理老师让各年段学生先收集资料，探究传统民居与地理环境关系并制作成课件；同时与指导老师深入交流，不断完善。演讲比赛分为初中部和高中部两部分，同时制定比赛人选和评分细则，为学生能赛出水平、赛出风采做出公平、公正的评判依据。

地理课堂角色反转由课内拓展到课外，教师通过研究性学习、演讲比赛、环保征文、课件制作、思维导图、环保简报比赛和研学实践（学校协调组织）等平台，激励学生参加课外活动。参与角色反转的学生获奖颇多（见图6.1），每年演讲比赛，环保小论文、简报、思维导图等校级获奖达300人次和班级鼓励针对学生回答及时鼓励和肯定。作为普通中学，学生一时无法获得较高的等级；但老师创造机会，搭建平台，让学生有机会获奖，甚至是口头表扬（2000多人次）。全校每年有2500名学生参与地理课堂角色反转锻炼，自2012年以来，地理高中学业考试成绩通过率100%，年年超额达标，超过一级达标校水平；初中优秀率、及格率名列漳州市前茅。地理学科成为课后作业最少，学习效率最高的学科。学生在参与中感受向上、向前的正能量，地理学科的素养在角色反转活动中悄然形成，地理学科成为学生喜爱的品牌学科。

图6.1　学生研究性学习获奖汇总

四、五育并举，跨学科推广

2020年高考新评价体系是高考正向指挥棒，它紧密衔接高中育人方式改革，一线老师是高考改革的实践者，如何从教知识到能力和素养的改变呢？改变灌输式教学，在于夯实必备基础知识，培养学生学科素养。每个学科都在探索与时俱进且行之有效的教学方法：以立德树人为目标，一步推动聚焦核心素养、引导深度学习，培养创新型人才。闽南师大附属中学地理教研组组长张丽玲老师把握时代发展的脉搏，勇于创新、开拓进取精神，以"立德树人，全面发展"为理念的角色反转赋能学生地理核心素养培育率先取得成功！地理角色反转教学建立以学生为本的生本课堂，调动学生自主学习的积极性；改变"满堂灌"以教师为核心、低效的课堂模式；培养掌握地理学科学习的基本方法，提升学生地理素养，为学生终身发展奠定基础。姚家辉校长充分肯定地理组角色反转的教学模式并在闽南师大附中进行推广；要求各科以课堂为主阵地，探索以学生为主体，体现"教""学""评""达"耦合联动的高效课堂。图6.2为笔者做课题推广汇报。

图6.2　张丽玲在学校学术沙龙做课题推广汇报

跨学科推广，主要通过学校教研组会议、学校学术沙龙和全校会议进行交流汇报进行推广。学校教学开放周地理组以精品课向老师和校外社会人员教学开放，进一步推广到学校其他各科！

漳州市教科院副院长陈鹏飞老师充分肯定角色反转可以对提高学校的教学质量起到很好的促进作用，提出地理组要以打造地理特色品牌为目标，鼓励全体成员积极参与学科研究，提高自身学科素养。

角色反转参与的学生由地理普及全校各科，由课堂延伸到课外，由学校拓展到校外研学基地。

第二节　市级推广

一、引领示范，送陪送教

（一）东山一中高三复习送教送培活动

为进一步加强全市高中地理教学，充分发挥高中地理名师工作室的辐射作用，提高优秀教师的教学示范作用，促进城乡教学的均衡发展，2017年11月24日，笔者作为漳州市地理名师工作室成员送教送培到东山一中。活动由东山县教育局主办，东山一中承办。来自全市部分中学以及东山一中、东山二中的地理教师共45人参与本次活动。

在此期间，笔者在高三年（九）班开设了"气压带风带高考专题"复习课。张老师从高考的相关真题入手，展示了历年与气压带风带有关的试题，并指出这些试题考查的气候类知识点。张老师向学生精细地分析如何入题，以及这些试题如何变形。师生互动，引导学生交流展示所学，精彩演绎以学生为主体的课堂教学。张老师以亲和的教态、经典的三圈环流动态展现了名师的风采。

自2017年以来，依托漳州市地理名师工作室角色反转教学模式推广到兄弟校：漳州立人学校、南靖一中、长泰二中、古县中学漳州五中等学校（表6.1）。基于角色反转的"教""学""评""达"耦合联动的教学模式及教学效益深受兄弟校地理同仁的好评！该模式不仅适合一级达标校，也适合普通中学，可复制性强，效果好！

表6.1　2017—2022年　张丽玲送陪送教活动

序号	时间	地点	课题	级别	项目	效果
1	2017.11.24	东山一中	《气压带风带高考微专题》	市级	高中地理名师工作室	优
2	2018.04.13	南靖一中	同课异构：高三复习课《风向判定》	市级	高中地理名师工作室	优
3	2018.05.11	漳州二中	《高考微专题复习——风》	市级	市级教学开放周	优

续表

序号	时间	地点	课题	级别	项目	效果
4	2018.10.23	立人学校	同课异构：新课《气压带和风带》	市级	高中地理名师工作室	优
5	2019.03.22	长泰二中	同课异构：《农业的区位选择》	市级	高中地理名师工作室	优
6	2020.11.17	漳州五中	（高二年）资源的跨区域调配——以我国西气东输为例	市级	高中地理名师工作室	优
7	2020.11.23	南靖一中	（高二年）资源的跨区域调配——以我国西气东输为例	市级	高中地理名师工作室	优

笔者指导的指导青年教师——蓝澜老师2019年10月25日参加"漳州市、南靖县地理名师工作室送教送培活动"，开设课题《自然灾害》市级公开课；2022年04月16日到碧湖中学送培送教活动，开设课题《印度》市级同课异构公开课。该教学成果在兄弟校交流、展示，不断完善！

（二）示范引领，交流互鉴

2022年3月15日上午笔者主持的2020年福建省基础教育课程教学研究立项课题《SOLO分类视域下地理课堂学习评价的实践研究》在漳州五中梯形教室开展讲座，分享研究成果，漳州五中地理组老师全员参加（图6.3）。

图6.3　张丽玲到漳州五中开展学术讲座

笔者从"课题概述""SOLO思维层级分类的主要观点""SOLO分类视域下地理课堂学习评价的实践研究"三个方面对课题进行分享。张老师提出：课前采用SOLO分类性评价工具预设课程进阶学习目标，精准制定教学目标和教学方式，把握课堂重点难点，让课堂张弛有度；课中让SOLO思维评价与地理课堂教学深度融合，探索过程性评价助力学生快乐成长；课后进行学生思维发展缺漏针对性诊断练习，课题具有科学性、可操作性、可推广性，也希望五中的老师可以加入他们课题实践队伍。

同为福建省基础教育课程教学研究立项课题负责人的戴文伟副校长、教研组组长柯旭阳老师肯定了张老师的课题研究，认为采用SOLO分类的地理课堂学习评价具有很强的实用性和实践性，适宜在学校推广。

笔者精彩的讲座和研究成果得到漳州五中地理组老师的一致认可，老师们纷纷表示得到许多新思路，为今后有效开展地理教学和学生评价提供了宝贵的借鉴经验。

（三）名师引领，辐射带动

自2012年以来，笔者的地理教学成效不断得到教育局和闽南师范大学历史地理学院师生认可，教学成果实现名师引领，辐射带动！张丽玲担任三届漳州教育局主办闽南师范大学历史地理学院承办——漳州市地理学科带头人培训教师和闽南师范大学历史地理学院地理课例教师，教学成果以讲座、开示范课形式进一步推广！开设的课程如下：

1. 2016年7月22日上午承担漳州市教育局组织、闽南师范大学历史与社会发展学院承办的漳州市第四届中学地理学科带头人培训任务，专题讲座《地理之道》。

2. 2016年7月22日下午承担漳州市教育局组织、闽南师范大学历史与社会发展学院承办的漳州市第四届中学地理学科带头人培训任务，专题讲座《剖析〈2016全国地理高考Ⅰ卷〉及教学启示》。

3. 2019年9月—2020年6月担任闽南师范大学历史与社会发展学院地理学科的课例教师，为地理学子如何"立德树人"传经送宝。

4. 受闽南师范大学历史地理学院邀请，于2019年9月4日19：00—21：00在闽南师范大学综合楼303教室为16级地理教育师范生开设《地理魅力课堂教学三部曲》讲座，反映良好。

5. 受闽南师范大学历史地理学院邀请，于2019年9月11日19：00—20：00在综合楼303教室为16级地理教育师范生举办《农业的区位选择》教学观摩课，反映良好。

6. 受闽南师范大学历史地理学院邀请，于2019年9月25日19：00—20：00在闽南师范大学综合楼303教室为16级地理教育师范生举办《洋流对地理环境的影响》教学观摩课。反映良好。

角色反转的教学模式，为闽南师范大学地理学子们奠定了未来从师之道；为漳州市地理学科带头人专业成长奠定基础！

（四）媒体报道，硕果累累

1. 《人民日报》地理第二课堂活动延展：漳州市首届防震减灾科普讲解大赛https：//wap.peopleapp.com/article/rmh25098101/rmh25098101（漳州市地震局组织百名防震减灾宣讲团成员参加全国防灾减灾千场科普讲座培训：漳州二中学生许芷萱成为宣讲团新成员）。

2. 闽南网、漳视新闻、漳州电视台二套：https：//baijiahao.baidu.com/s?id=1703814128251464470&wfr=spider&for=pc漳州市首届防震减灾科普讲解大赛（漳州二中学生许芷萱荣获讲解大赛二等奖）。

3. 成果引领——闽南日报：https：//mp.weixin.qq.com/s/PmXtm8XS4ZQty5sNfhaWWQ（陈鹏飞：《教育漳州二中多样化办学有特色："低分田"里出"高产"》）

（五）成果推广，纵深发展

角色反转教学成果推广，除了帮扶乡村中学以开课、研讨和讲座方式进行引领，还有三所学校不断向纵深发展（图6.4）。

图6.4　3所教学成果推广学校

第三节　省级推广

笔者所带领的地理团队，教育教研成果由学校逐步向市级再向省级不断获得认可。

一、省级示范，辐射带动

1. 2018年3月，参与福建省教育厅"福建省初中地理乡村教师素质提升工程培训班"活动，开设《洋流》省级公开课；

2. 2020年12月22日，参与福建省教育厅"福建省初中地理乡村教师素质提升工程培训班"活动，开设《教师如何片段教学》专题讲座。图6.5所示为开课邀请函和开放证明。

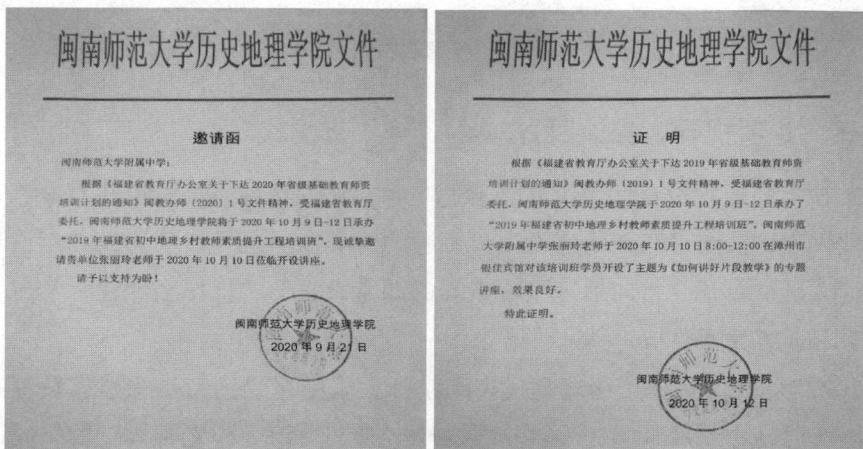

图6.5　张丽玲开课邀请函和开课证明

3. 2021年11月16日，在"福建省中学地理学科教学研究基地学校工作研讨活动"中，开设了题为"气压带和风带"的公开课。

4. 2023年4月13日，在"福建省中学地理学科教学研究基地学校工作研讨活动"中，开设了题为《SOLO课堂评价赋能地理核心素养培育》讲座。

二、名师跟岗，助力研修

宁德名师邓惠英到闽南师大附中跟岗研修，时间虽然短暂，但日程安排紧凑（图6.6）。笔者将成功的教研成果和福建省宁德名师邓惠英进行交流互鉴："真正的名师不在文件上，而是在学生心中、家长心中、同事心中"，"成功是成功之母"，"把教书当事业"。"立德树人"，让学生学习成功，是教师追寻的目标，探索新课改教学模式是当下教师必须研究的课题。角色反转赋能地理核心素养培养是撬动学生思考，走向成功的有力支点。

图6.6　宁德名师跟岗

三、专项视导，交流互鉴

2022年福建省教育厅组织开展普通高中新课程实施以"聚焦核心素养，深化课堂改革，推动'双新'建设"为主题的地理专项视导活动。2022年11月22日地理教研组召开"指向地理核心素养的课堂教学"，把握新课程，学习新课标。要求全组教师要与时俱进，培养新一代学生！

2022年12月7日陈惠燕老师代表闽南师大附中接受2022年福建省教育厅组织开展普通高中新课程实施专项视导。陈老师与龙海一中老师进行线上同课异构。笔者集教研组的集体智慧结合课题研究成果对陈老师多次进行组内听评课指导、磨课，《华北盐碱化治理》以学生为主体以梯度问题引导学生学习探究并对学生的学习及时评价，准确把握重难点，循序渐进成功演绎华北盐碱化的原因及治理对策！

福建省教研员武韬老师对省级视导进行点评，高度赞扬闽南师大附中地理教研组教研水平，上出新课程的水平及风采（图6.7）！

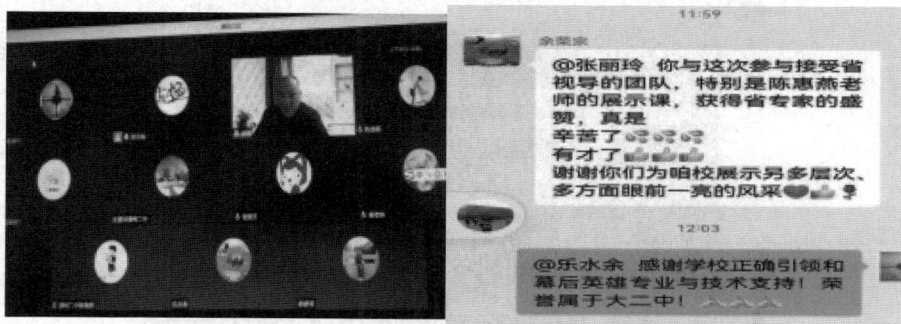

图6.7 福建箴普教室教研员武韬线上评课

四、基地扬帆，勇毅前行

2023年4月11日—13日，笔者和张小珍老师代表漳州二中到龙岩四中参加福建省第四批高中地理基地校验收。张小珍老师讲《服务业的区位因素及其变化》观摩课，笔者做《SOLO课堂评价赋能地理核心素养培育》汇报（图6.8、6.9）。成果显著，汇报精彩！得到与会专家好评！

图6.8 张丽玲主持基地校工作研讨会

经过两年多的教学研究与实践，结合两项省级课题，深耕地理课堂教学，以角色反转为支点，撬动学生学习的生命力，培养学生地理核心素养，立德树人！本教学成果与教学模式得到福建省基础教育地理学科教研员和专家的认可与好评！本教学成果可复制，可推广，实用性强，创新性强！

图6.9　张丽玲参加基地校验收工作会议

　　以角色反转为支点，撬动学生学习地理的积极性，赋能课堂内外，助力学生成长！我们地理教研组十年探索带动10项市级研究性学习获奖带动100人次市级奖励、校级奖每年约100人、班级奖每年约300人，践行"双减"，减负提效，学生学习效果好，得到社会各界广泛认同和一致好评！

结　语

　　没有一位学生不下水，就能学会游泳；也没有人不经过开车实践，就会开车。实践是检验真理唯一的标准，任何人的成功离不开实践，不是只靠传授者的灌输、填鸭就能成功。因此，必须以学习者的角度引发学习者的思考、实践，才能达到提升；这就是"行知合一"。在地理学习如何让学生"行知合一"，那就是"角色反转"。以学生为中心，教师把地理核心素养的培育融入精思巧构的学习生活中，启智润心，化作一盏明灯，照亮学生一路前行！

　　"老师，我的地理高考成绩93分，老师您太绝了！"2021届高三一名学生在刚刚查询高考成绩结果后就迫不及待要和老师分享成功的喜悦！该生在高一刚刚入学的时候地理成绩很不理想，常常考试不及格，总觉得地理是死记硬背，提不起兴趣。三年的地理学习，跟着老师登台训练，一起做研究性学习，不知不觉地理高考成绩达到年段第一名。一位台湾籍学生家长以标准90°向我鞠躬的时候，让我措手不及；该家长由衷地感谢他儿子地理单科以130分成绩（地理单科总分150分）成功考上集美大学，要不是地理成绩异军突起，他儿子这年就与大学无缘。"行知合一"——"角色反转"，回归学习生命；唤醒学生学习的潜能，培养正确的学习方法，获得学习的成功。学生把不可能达到的梦想变成现实，筑梦成功！

　　"老师，我们的护航舰队来到红海，到达非洲吉布提。这里沙漠遍布，照片上搭着帐篷就是当地最富有的人家。"这是2018届在中国海军参军的学生发给我的照片留言。

　　"老师，11月的北京，树叶都落光了，与漳州有很大的不同，气候不同，差异真大呀！"2021届一位艺术生2020年冬天在北京培训艺术专业时，感受到与漳州不一样的景观。

　　学生地理的学习不仅在考试时，持经达变；即使高三毕业后，地理的素养已经融入生活，成为生活的一部分。

新课标、新课程、新高考、双减……教育部出台一系列直指课堂教学改革组合拳隆重登场，为地理基础教育擘画蓝图。如何贯彻国家教育方针，实现基础教育的顶层设计，对一线的地理教师提出更高的要求。教师解密教改组合拳，就是摒弃广而深的知识灌输和铺天盖地的作业；回归教育的本质——唤醒学生学习的内生动力，从而让教育教学实现减负提效、培根铸魂、立德树人。

教师贯彻国家教育方针，以新课标和高考新评价体系理念为指导，践行"立德树人"的根本任务，培养学生地理核心素养。本成果借鉴传统文化"知行合一"智慧，秉持文化自信理念；同时吸收国外"建构主义"和"SOLO思维结构的等级分类"理论，结合原有成功的教学实践，开发"搭·展·评·达"——地理角色反转教学模式。角色反转是支点，"搭·展·评·达"是教学过程，旨在撬动学生学习地理的积极性、高效性，培养学生地理核心素养。教师搭建"脚手架"引导学生学习，学生展示所学；教师通过"观其行，诊其弊，勘其误，扶其正，达其知"。学生"习之于渔，获之于愉"，最终达成学习素养。角色反转是支点，践行以学生为中心，体现学习过程；有利唤醒学生学习的自觉，激发学生学习的内在动力和学习的兴趣，掌握学习方法，凝练学科关键能力，赋能地理核心素养培育。

角色反转赋能学生课堂内外自主学习，激发学生学习地理兴趣，培养学生地理素养，促进学生立德树人。"搭·展·评·达"——地理课堂角色反转运用于地理教育教学实践，取得了一系列开拓性、引领性和标志性的教学成果。

实践证明，"搭·展·评·达"低阶角色反转适用于后进生的学习，中阶和高阶角色反转适合中等生和优等生；课堂上以低阶角色反转为面，中高阶角色反转为点，点、面结合，激发其学习的主动性，激发学生学习的潜能，绽放学生的风采，从而达到预期的学习效果！

地理角色反转改变传统的教学模式，由"被动学习"向"主动学习"转型，老师为学生提供展示自主学习成果的平台，学生给教师呈现一个新的世界！

附录：张丽玲个人荣誉一览

附录一：张丽玲荣誉证书

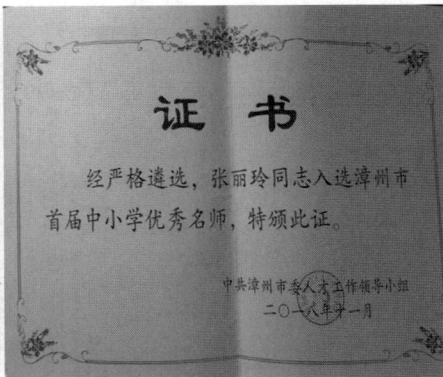

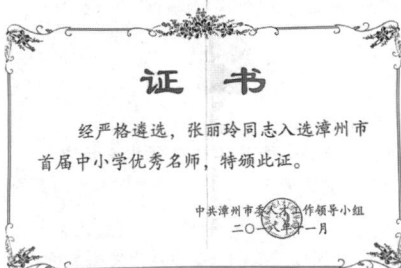

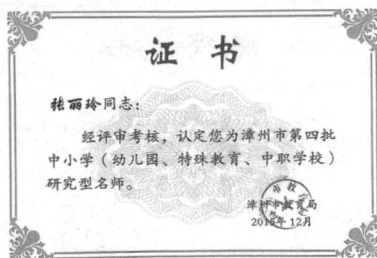

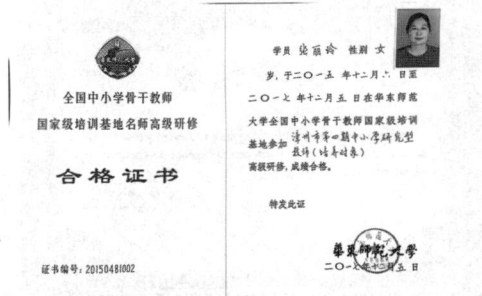

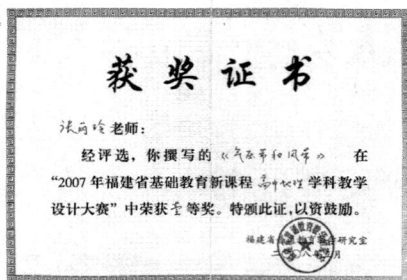

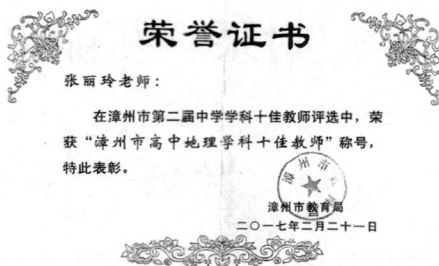

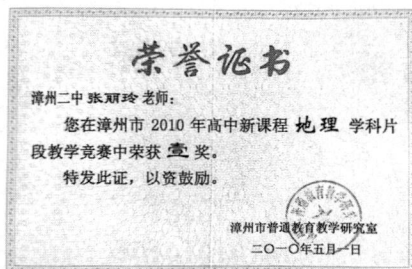

荣誉证书

张丽玲老师：

在2016年"高考全国Ⅰ卷试题分析论文"市级评选中，你的论文《放飞希望，决胜高考—2016全国高考Ⅰ卷文综地理解读与应对策略》获地理科一等奖。

特此表彰，以资鼓励！

漳州市教育局

二〇一六年十二月二日

证　书

张丽玲老师：

您的论文《地理魅力课堂教学三部曲——创设情境 引导探究 迁移应用》在漳州市"教师的魅力"主题论文评选中，荣获一等奖。

特发此状，以资鼓励。

漳州市普通教育教学研究室

2016年11月15日

证　书

漳州二中张丽玲老师：

您的微课作品《山地的形成—褶皱山》在漳州市初、高中毕业班复习教学"微课"评选活动中，荣获高中组地理学科二等奖。

特发此证，以资鼓励。

漳州市普通教育教学研究室

二〇一五年四月

荣誉证书

张丽玲老师于二〇一五年十二月至二〇一七年十二月在华东师范大学参加漳州市第四期中小学研究型教师（培养对象）高级研修班，其结业论文《创设情境 引导探究 迁移应用——地理生本课堂三部曲教学模式研究》被评为优秀论文。

特发此证，以资鼓励。

华东师范大学开放教育学院

二〇一七年十二月二十三日

荣誉证书

张丽玲老师：

您的论文《新课程背景下，地理教材整合艺术》在2014年度漳州市地理优秀论文评选中，荣获一等奖。

特发此证，以资鼓励！

漳州市地理学会

二〇一四年五月

奖　状

张丽玲老师：

在2012年漳州市高中地理征题比赛中，您报送的试题荣获贰等奖。

特发此证，以资鼓励！

漳州市普通教育教学研究室

二〇一二年十二月三十日

聘　书

LETTER OF APPOINTMENT

张丽玲　老师：

兹聘任您担任我校青年教师 黄莉舒 的指导教师，聘期1年（2019年9月—2020年7月）。

闽南师大附中（漳州二中）

2019年9月

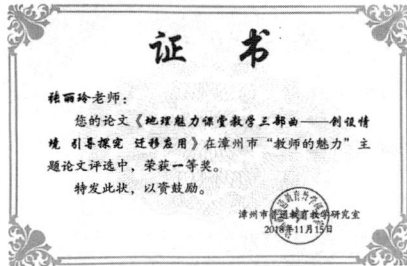

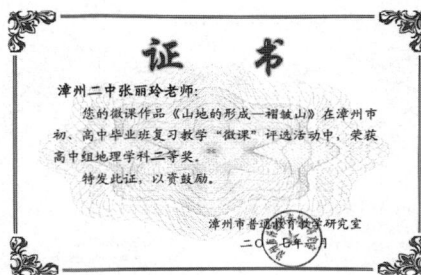

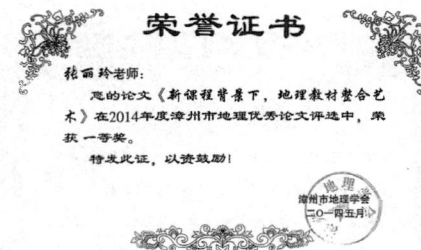

指导青年教师证明

张丽玲老师指导本校郑月娜老师（2008－2011）、柯国明老师（2009－2012）教学工作，效果良好！

内容：指导本专业教学让郑月娜、柯国明适应角色转变，适应中学新课程教学，完成教学任务。

形式：听课、评课、开观摩课。

效果：1. 郑月娜老师荣获2010年漳州市高中地理教学技能大赛二等奖

2. 柯国明老师2009荣获学年漳州二中青年教师比武三等奖；

2011荣获漳州市地理教学技能大赛一等奖

漳州二中教务处

2015年5月13日

荣誉证书

柯国朋老师：

在 2011 年漳州市高中地理教师教学技能比赛中，荣获 壹 等奖。

特发此证，以资鼓励！

漳州市普通教育教学研究室
二〇一一年十二月二十一日

聘　书

张丽玲老师：

兹聘任您担任我校青年教师 蔡莉钦 的指导教师，聘期 1 年（2018 年 9 月—2019 年 6 月）。

漳州市第二中学
2018 年 9 月

荣誉证书

张丽玲老师：

你指导沈素玲老师执教的必修一《气压带和风带》，在 2016 年漳州市"一师一优课、一课一名师"市级优课评选中，获得高中地理组二等奖。

特此表彰，以资鼓励！

漳州市教育局
二〇一六年十二月二日

荣誉证书

张丽玲老师：

你指导蓝测老师执教的《世界最大的黄土堆积区——黄土高原》，在 2018 年漳州市"一师一优课、一课一名师"市级优课评选中，获得初中地理组一等奖。

特此表彰，以资鼓励！

漳州市教育局
二〇一八年十一月九日

聘　书

兹聘任 闽南师范大学附属中学（漳州二中）

张丽玲 同志为我院地理科学教育教学综合实习校外指导老师，聘期自 2019 年 1 月 1 日至 2019 年 12 月 31 日。

闽南师范大学历史地理学院
2019 年 1 月 1 日

聘　书

兹聘任 闽南师范大学附属中学（漳州二中）

张丽玲 同志为我院地理科学专业任课教师，聘期自 2019 年 1 月 1 日至 2019 年 12 月 31 日。

闽南师范大学历史地理学院
2019 年 1 月 1 日

聘　书

张丽玲老师：

您被聘请为漳州市教育局组织、闽南师范大学历史与社会发展学院承办的漳州市第四届地理学科带头人培训教师。特发此证。

闽南师范大学历史与社会发展学院
二〇一六年七月

聘　书

张丽玲老师于 2014 年 7 月被聘请为漳州市教育局组织、闽南师范大学历史与社会发展学院承办的漳州市第三届地理学科带头人培训教师。特此证。

闽南师范大学历史与社会发展学院
二〇一四年七月二十一日

聘 书

张丽玲老师于 2011 年 7 月被聘请为漳州市教育局组织、闽南师范大学历史与社会发展学院承办的漳州市首届地理学科带头人培训教师。特发此证。

闽南师范大学历史与社会发展学院
二〇一一年七月三十一日

荣誉证书

聘任书

漳州师院历史与社会学系于 2011 年 8 月聘请张丽玲老师为漳州市首届中学地理学科带头人专业培训班教师，特发此证。

漳州师院历史与社会学系
2011 年 8 月

荣誉证书
HONORARY CREDENTIAL

张丽玲 同志：

荣获2015-2016学年度漳州二中优秀教师称号。特发此证，以资鼓励。

漳州市第二中学
2016年8月31日

荣誉证书
HONORARY CREDENTIAL

张丽玲 同志：

荣获2016-2017 学年度漳州二中优秀教师称号。特发此证，以资鼓励。

漳州市第二中学
2017年9月8日

奖 状

张丽玲 同志：

荣获 2010 — 2011 学年度学校优秀教研组长称号，特发此证，以资鼓励。

漳州市第二中学
2011 年 8 月 31 日

奖 状

张丽玲 同志：

荣获 2011—2012 学年度学校优秀共产党员称号，特发此证，以资鼓励。

漳州市第二中学
2012 年 8 月 31 日

奖 状

张丽玲 同志：

荣获 2010—2011 学年度学校优秀教师称号，特发此证，以资鼓励。

漳州市第二中学
2011 年 8 月 31 日

附录二：张丽玲主持省市级课题证书

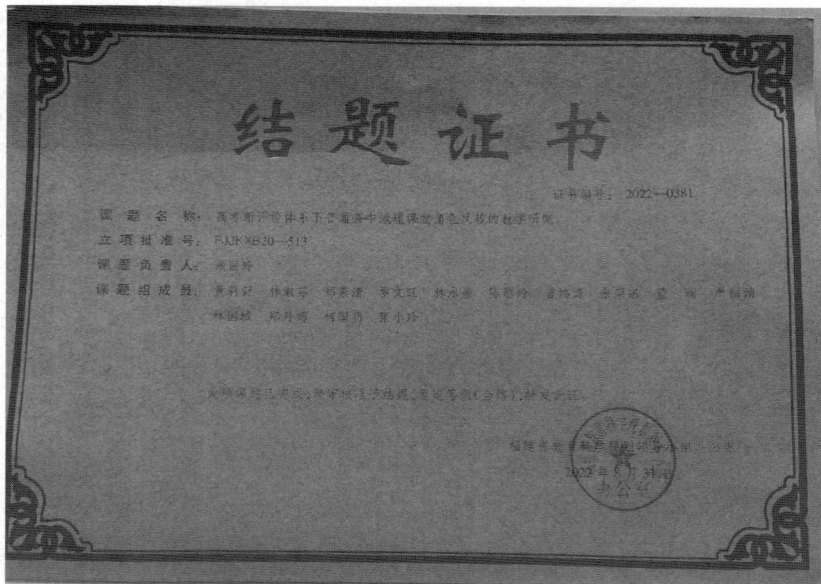

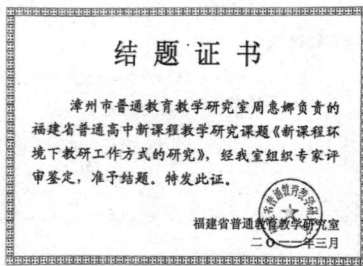

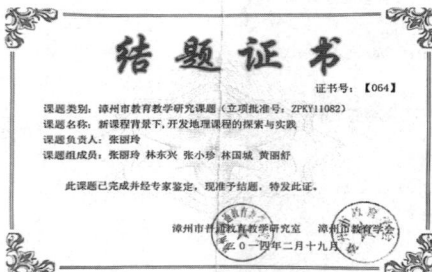

华东师范大学开放教育学院

漳州市第四期中小学研究型教师（培养对象）高级研修班

课题结题鉴定表

课题名称	《地理生本课堂三部曲教学模式研究》				
课题 总负责人	单位	姓名	职务	职称	联系电话
	漳州二中	张丽玲	教研组长	高级教师	13859697206
课题专家 评估组 鉴定意见	同意结题 专家组负责人： （盖章）2017年12月22日				
课题专家 评估组 成员	姓名	职务	职称	工作单位	签名
	单中惠		教授	华东师范大学	
	金忠明		教授	华东师范大学	
	王建军		教授	华东师范大学	
华东师范大 学开放教育 学院意见	同意 （盖章）2017年12月28日				
漳州市 教育局 意见	同意 （盖章）2017年12月22日				

注：本表一式三份。

结 题 证 书

证书号：【031】

课题类别：漳州市基础教育教学研究课题（立项批准号：ZPKTZ19041★）

课题名称："两山论"校本课程助力培养学生家国情怀建构研究

课题负责人：张丽玲

课题组成员：郑月娜、柯国明、吴立新、陈鹏飞、陈思鹏、沈素玲、林国城、
黄莉舒、蓝涧、曾鸿涛、严丽清、张小珍

此课题已完成并经专家鉴定，现准予结题，特发此证。

漳州市教育科学研究院

二〇二〇年八月三十一日

附录三：指导学生、教师荣获省市级奖

1. 省级获奖

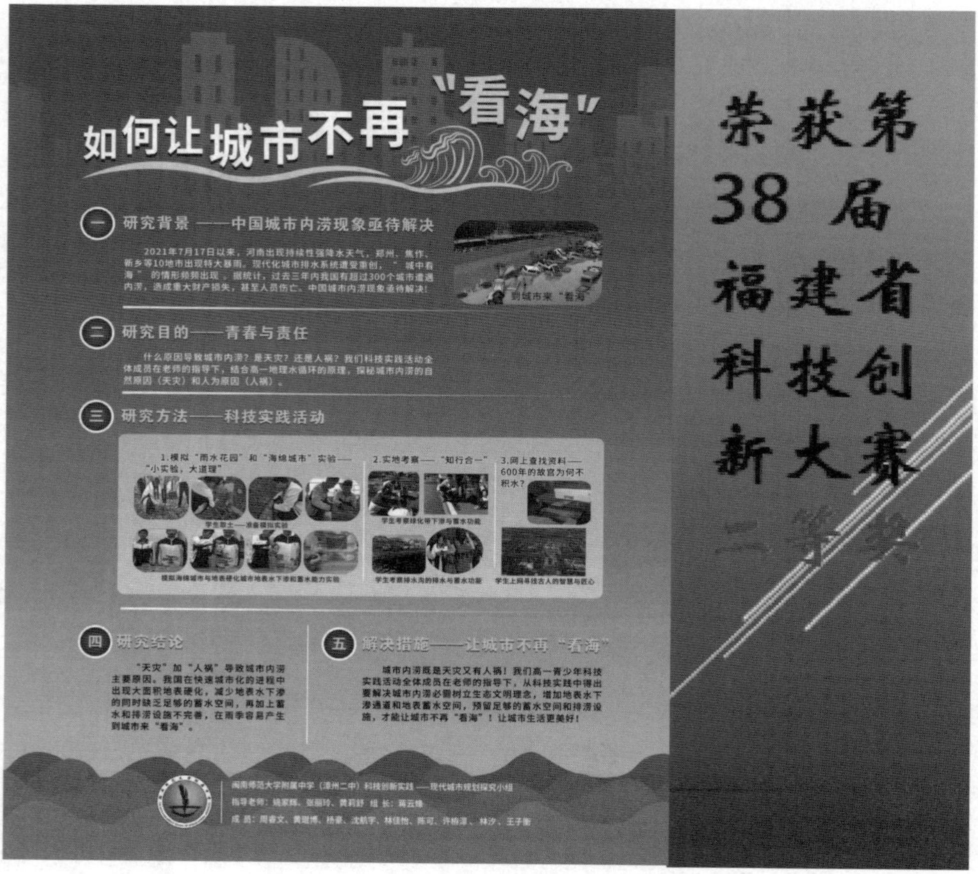

2. 市级获奖（9项）

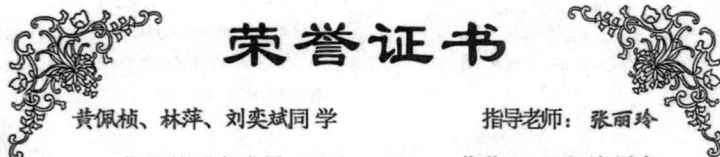

荣誉证书

黄佩桢、林萍、刘奕斌同学　　　　指导老师：张丽玲

你们的研究成果《神奇的树叶》，荣获 2020 年漳州市普通中学"研究性学习"优秀成果一等奖。特发此状，以资鼓励。

漳州市教育局
二〇二〇年十二月二十九日

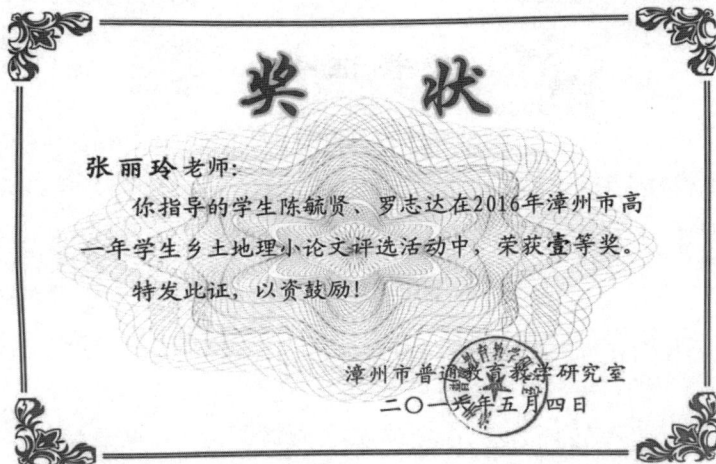

奖　状

张丽玲老师：

你指导的学生陈毓贤、罗志达在 2016 年漳州市高一年学生乡土地理小论文评选活动中，荣获壹等奖。特发此证，以资鼓励！

漳州市普通教育教学研究室
二〇一六年五月四日

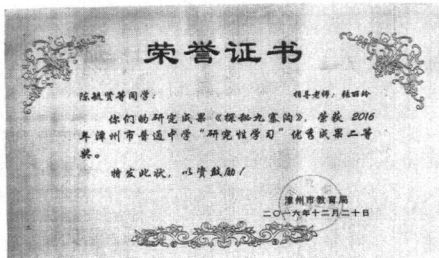

荣誉证书

陈毓贤等同学：

你们的研究成果《探秘九鲤洞》，荣获 2016 年漳州市普通中学"研究性学习"优秀成果二等奖。

特发此状，以资鼓励！

漳州市教育局
二〇一六年十二月二十日

张阳良洁等同学：　　指导老师：张丽玲、黄志煽

你们的研究成果《长泰古山重村》，荣获 2013 年漳州市普通中学"研究性学习"优秀成果一等奖。特发此状，以资鼓励。

漳州市教育局
二〇一三年十一月四日

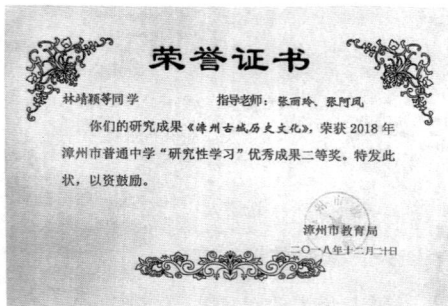

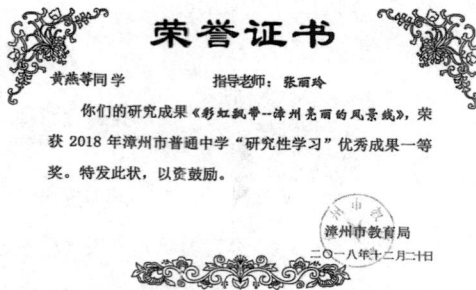

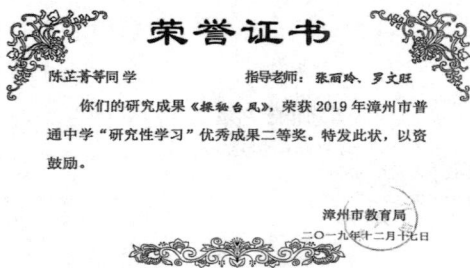

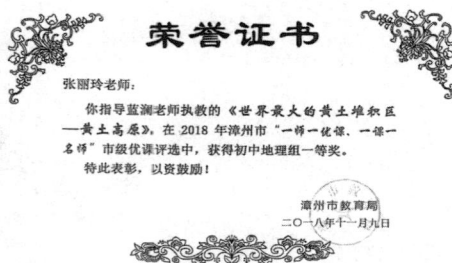

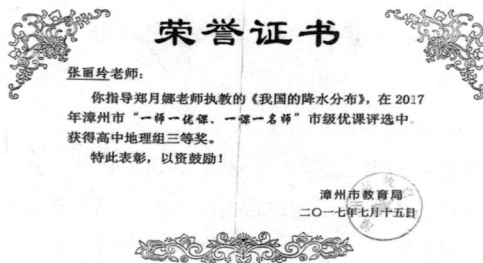

附录四：2项市级教学成果奖（1项入围省级评选）

1. 2022年荣获市级教学成果一等奖

漳州市教育局文件

漳教人〔2022〕115号

**漳州市教育局关于公布2022年福建省
教育教学成果奖市级评审获奖名单的通知**

各县（区）教育局，各开发区（投资区、高新区）教育部门，
市直有关学校（单位）：

根据《福建省教育厅关于开展2022年省级教学成果奖评审
工作的通知》（闽教师〔2022〕23号）精神，各地各校积极组
织开展了教学成果遴选推荐工作。市教育局组织专家进行了市
级评审，共评出特等奖7项、一等奖19项、二等奖22项（具
体获奖项目见附件）。

现将获奖名单予以公布，希望获奖单位和个人再接再厉，

— 1 —

25	中学	搭·展·评·达——地理课堂角色反转模式的探索与实践	10	张丽玲、姚家辉、陈鹏飞、罗文旺、林淑芬、蓝澜	福建省漳州市第二中学	一等奖

126	搭·展·评·达——地理课堂角色反转教学模式的探索与实践	10年	6其他	07中小学教学方式、组织形式改革	21地理教育	张丽玲　姚家辉　陈鹏飞　罗文旺　林淑芬　蓝　澜	福建省漳州市第二中学

2. 入围福建省教学成果奖参评

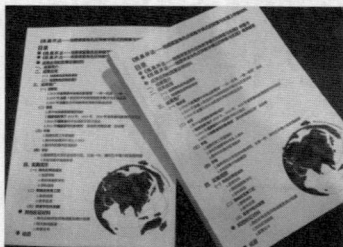

2022年福建省教育教学成果市级一等奖

"搭·展·评·达——地理课堂角色反转教学模式的探索与实践"

序号	学段	成果名称	成果检验期（年）	成果完成者	所在单位	奖次
22	中学	指向核心素养的高中化学课堂"教、学、评一致性"实践与探索	5.5	陈新华、张贺全、陈文娇、阮丽颖、凌爽、蓝殷斌	市教育科学研究院、福建教育学院、漳州一中、云霄一中、漳州三中	一等奖
23	中学	中学数学教研组建设"三课"联动模式的实践研究	14	林冠东、张云、姚跃林、曾继成、海清华、刘晓东	1-4.厦门大学附属实验中学、5.福建师范大学、6.厦门大学	一等奖
24	中学	幅通教学推进地理学科核心素养培育模式的构建与实施	6	戴志龙、占晓苏、杨少惠	漳州市第五中学	一等奖
25	中学	搭·展·评·达——地理课堂角色反转教学模式的探索与实践	10	张丽玲、姚家辉、陈鹏飞、罗文旺、林淑芬、蓝澜	福建省漳州第二中学	一等奖
26	中学	劳动教育与生物学科融合共育时代新人的实践探索	5.5	庄小宽、邓秋香、胡镜开、彭梅超、张亮、陈惠云	1、3-6.福建省漳州第一中学、2.漳州市教育科学研究院	二等奖

3. 荣获2020年福建省基础教育教学成果奖市级评审二等奖

序号	成果名称	成果检验期（年）	成果类别			申报人	所在单位	获奖等级
			（一）	（二）	（三）			
19	"创设情境、引导探究、迁移应用"地理魅力课堂教学三部曲	5年	4普通高中	10中小学教学研究	21地理教育	张丽玲、姚家辉、陈鹏飞、余荣宗、罗文旺、蓝澜	闽南师大附属中学	二等奖

附录五：对外辐射

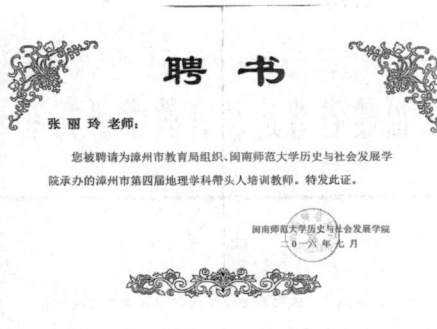

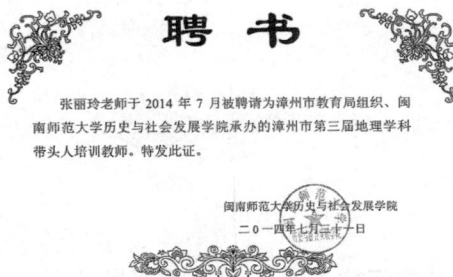

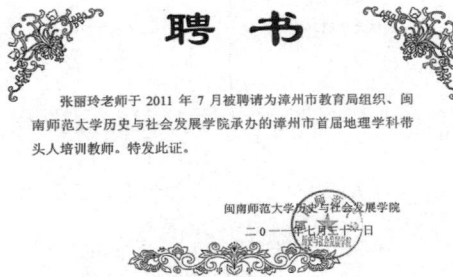

聘 书

兹聘任 闽南师范大学附属中学（漳州二中）

张丽玲 同志为我院地理科学专业任课教师，聘期自2019年1月1日至2019年12月31日。

闽南师范大学历史地理学院
2019年1月1日

聘 书

张丽玲 老师：

您被聘请为漳州市教育局组织、闽南师范大学历史与社会发展学院承办的漳州市第四届地理学科带头人培训教师。特发此证。

闽南师范大学历史与社会发展学院
二〇一六年七月

聘 书

张丽玲老师于 2014 年 7 月被聘请为漳州市教育局组织、闽南师范大学历史与社会发展学院承办的漳州市第三届地理学科带头人培训教师。特发此证。

闽南师范大学历史与社会发展学院
二〇一四年七月二十一日

聘 书

张丽玲老师于 2011 年 7 月被聘请为漳州市教育局组织、闽南师范大学历史与社会发展学院承办的漳州市首届地理学科带头人培训教师。特发此证。

闽南师范大学历史与社会发展学院
二〇一一年七月二十一日

荣誉证书

聘任书

漳州师院历史与社会学系于 2011 年 8 月聘请张丽玲老师为漳州市首届中学地理学科带头人专业培训班教师，特发此证。

漳州师院历史与社会学系
2011年8月

聘 书

兹聘任 闽南师范大学附属中学（漳州二中）

张丽玲 同志为我院地理科学教育教学综合实习校外指导老师，聘期自2019年1月1日至2019年12月31日。

闽南师范大学历史地理学院
2019年1月1日

附录六：省市级公开课证明（6项省级、27项市级）

1. 省级6项

福建省普通教育教学研究室

证 明

漳州二中**张丽玲**老师在 2023 年福建省基础教育地理学科教学研究基地学校验收活动中，作了题为"solo 分类评价赋能地理核心素养培育"的专题讲座，获得好评。

特此证明。

福建省普通教育教学研究室
2023 年 4 月 13 日

福建省普通教育教学研究室

证 明

闽南师范大学附属中学**张丽玲**老师在"福建省中学地理学科教学研究基地学校工作研讨活动"中，开设了题为"气压带和风带"的公开课，特此证明。

福建省普通教育教学研究室
2021 年 11 月 16 日

省级公开课证明

根据《福建省教育厅关于下达 2017 年第二批省级基础教育师资培训计划的通知》闽教师【2017】62 号文件精神，受福建省教育厅委托，闽南师范大学历史地理学院承办"福建省乡村教师素质提升工程培训班"。漳州二中**张丽玲**老师担任培训班教师，于 2018 年 3 月 30 日 16:20——17:05 在漳州二中为 2017 年第二批省级基础教育乡村教师提升工程培训班的学员开设《洋流》教学观摩课，反应良好。

特此证明

闽南师范大学历史地理学院
2018 年 4 月 16 日

闽南师范大学历史地理学院文件

证 明

根据《福建省教育厅办公室关于下达 2019 年省级基础教育师资培训计划的通知》闽教办师〔2019〕1 号文件精神，受福建省教育厅委托，闽南师范大学历史地理学院于 2020 年 10 月 9 日-12 日承办了"2019 年福建省初中地理乡村教师素质提升工程培训班"。闽南师范大学附属中学**张丽玲**老师于 2020 年 10 月 10 日 8:00-12:00 在漳州市银佳宾馆对该培训班学员开设了主题为《如何讲好片段教学》的专题讲座，效果良好。

特此证明。

闽南师范大学历史地理学院
2020 年 10 月 12 日

闽南师范大学历史地理学院文件

证　明

　　根据《福建省教育厅办公室关于下达2020年省级基础教育师资培训计划的通知》闽教办师〔2020〕1号文件精神，受福建省教育厅委托，闽南师范大学历史地理学院于2020年11月29日-12月4日承办了"2020年福建省初中地理乡村教师素质提升工程培训班"。闽南师范大学附属中学张丽玲老师于2020年12月2日8:30-11:30在漳州市银佳宾馆对该培训班学员开设了主题为《片段教学》的讲座，效果良好。

　　特此证明。

闽南师范大学历史地理学院
2020年12月4日

闽南师范大学历史地理学院文件

证　明

　　根据《福建省教育厅办公室关于下达2019年省级基础教育师资培训计划的通知》闽教办师〔2019〕1号文件精神，受福建省教育厅委托，闽南师范大学历史地理学院于2020年10月9日-12日承办了"2019年福建省初中地理乡村教师素质提升工程培训班"。闽南师范大学附属中学张丽玲老师于2020年10月10日8:00-12:00在漳州市银佳宾馆对该培训班学员开设了主题为《如何讲好片段教学》的专题讲座，效果良好。

　　特此证明。

闽南师范大学历史地理学院
2020年10月12日

2. 市级公开课27项

闽南师范大学历史地理学院文件

公开课证明

闽南师范大学附属中学（漳州二中）：

　　贵校张丽玲老师受闽南师范大学历史地理学院邀请，于2019年9月25日19：00——20：00在综合楼303教室为16级地理教育师范生举办《洋流对地理环境的影响》教学摩课。反应良好。

　　特此证明

闽南师范大学历史地理学院
2019年12月26日

闽南师范大学历史地理学院文件

公开课证明

闽南师范大学附属中学（漳州二中）：

　　贵校张丽玲老师受闽南师范大学历史地理学院邀请，于2019年9月4日19：00——21：00在综合楼303教室为16级地理教育师范生举办《地理魅力课堂教学三部曲》讲座。反应良好。

　　特此证明

闽南师范大学历史地理学院
2019年12月26日

闽南师范大学历史地理学院文件

漳州市第五中学

公开课证明

闽南师范大学附属中学（漳州二中）：

　　贵校张丽玲老师受闽南师范大学历史地理学院邀请，于2019年9月11日19：00——20：00在综合楼303教室为16级地理教育师范生举办《农业的区位选择》教学摩课。反应良好。

　　特此证明

闽南师范大学历史地理学院
2019年12月26日

讲座证明

　　漳州市第二中学 张丽玲 老师于2022年3月15日在我校开展以"培育核心素养 展基地校成果"为主题的市级教学开放周活动中，开设了题为《solo分类视域下地理课堂学习评价的实践研究》的讲座，反映良好。

　　特此证明。

福建漳州市第五中学
2023年3月28日

证　明

　　漳州市第二中学张丽玲老师自2008——2016年成为闽南师范大学历史与社会发展学院的兼职教师，从事地理教学、指导学生实习工作、培训地理本科函授班学员、参与培训漳州市首届和第三届地理学科带头人的任务。教学效果优秀，深受闽南师范大学历史与社会发展学院领导的好评和学生的认可！

　　特此证明。

闽南师范大学历史与社会发展学院
2016年6月

证　明

　　漳州师院历史与社会学系于2012年8月邀请漳州二中张丽玲老师为地理本科函授班作课题为《教材整合艺术》的讲座。

　　特此证明。

漳州师院历史与社会学系
2012年8月

公开课证明

　　闽南师范大学历史与社会学系聘请张丽玲老师于2014年7月31日为漳州市第三期地理学科带头人开课，课题是《打造高效的地理课堂教学》效果良好，特此证明。

闽南师范大学历史与社会学系
2014年7月31

公开课证明

闽南师范大学附属中学（漳州二中）：

　　贵校 张丽玲 老师受到南师范大学历史地理学院邀请，于2019年9月4日19：00——21：00在综合楼303教室为16级地理教育师范生开设《地理魅力课堂教学三部曲》讲座。反应良好。

　　特此证明

闽南师范大学历史地理学院
2019年9月6日

公开课证明

闽南师范大学附属中学（漳州二中）：

　　贵校 张丽玲 老师受闽南师范大学历史地理学院邀请，于 2019 年 9 月 11 日 19：00——20：00 在综合楼 303 教室为 16 级地理教育师范生举办《农业的区位选择》教学观摩课。反应良好。

　　特此证明

闽南师范大学历史地理学院

2019 年 9 月 12 日

公开课证明

闽南师范大学附属中学（漳州二中）：

　　贵校 张丽玲 老师受闽南师范大学历史地理学院邀请，于 2019 年 9 月 25 日 19：00——20：00 在综合楼 303 教室为 16 级地理教育师范生举办《洋流对地理环境的影响》教学观摩课。反应良好。

　　特此证明

闽南师范大学历史地理学院

2019 年 9 月 26 日

公开课证明

　　张丽玲老师于 2011 年 8 月在漳州师院历史与社会学系为漳州市首届中学地理学科带头人专业培训班开课，课题是《地理教材整合艺术——做一个有课程智慧的教师》，特此证明。

漳州师院历史与社会学系

2011 年 8 月

漳州市普通教育教学研究室

证　明

　　在 2012 年漳州市高中毕业班地理学科会议上，漳州二中张丽玲老师做了有关"地理高考'能力立意'及教学导向"的专题讲座。

　　特此证明。

漳州市普通教育教学研究室

二○一二年十月十二日

市级公开课证明

　　张丽玲老师于 2016 年 7 月 22 日下午承担漳州市教育局组织、闽南师范大学历史与社会发展学院承办的漳州市第四届中学地理学科带头人培训任务，专题讲座《剖析〈2016 全国地理高考 I 卷〉及教学启示》，效果优秀。

　　特此证明

闽南师范大学历史与社会发展学院

二○一六年七月

市级公开课证明

　　张丽玲老师于 2016 年 7 月 22 日上午承担漳州市教育局组织、闽南师范大学历史与社会发展学院承办的漳州市第四届中学地理学科带头人培训任务，专题讲座《地理之道》，效果优秀。

　　特此证明

闽南师范大学历史与社会发展学院

二○一六年七月

市级公开课证明

　　张丽玲老师于 2014 年 7 月 31 日上午承担漳州市教育局组织、闽南师范大学历史与社会发展学院承办的漳州市第三届中学地理学科带头人培训任务，专题讲座《打造高效的地理课堂教学》，效果优秀。

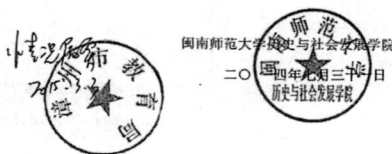

　　特此证明

闽南师范大学历史与社会发展学院
二〇一四年七月三十一日

市级公开课证明

　　张丽玲老师于 2014 年 7 月 31 日下午承担漳州市教育局组织、闽南师范大学历史与社会发展学院承办的漳州市第三届中学地理学科带头人培训任务，专题讲座《地理教材的整合艺术》，效果优秀。

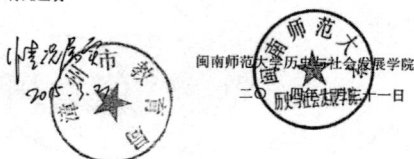

　　特此证明

闽南师范大学历史与社会发展学院
二〇一四年七月三十一日

市级公开课证明

　　张丽玲老师于 2011 年 7 月 31 日上午承担漳州市教育局组织、闽南师范大学历史与社会发展学院承办的漳州市首届中学地理学科带头人培训任务，专题讲座《地理高考战略战术》，效果优秀。

　　特此证明

闽南师范大学历史与社会发展学院
二〇一一年七月三十一日

漳州市名师工作室"送培送教下乡"

教学证明

漳州市高中地理名师工作室于 2019 年 3 月 22 日到长泰二中进行送培送教活动，具体授课情况如下表：

送培学科	主讲者/执教者	课题与课题	课时安排	承办单位	送培送教地点人数	日期/时间	县(市、区)联系人电话
高中地理	黄小玉	同课异构《农业的区位选择》	1	长泰县教育局	长泰二中 50	2019 年 3 月 22 日下午第 1 节	13709308228
高中地理	张丽玲	同课异构《农业的区位选择》	1	长泰县教育局	长泰二中 50	2019 年 3 月 22 日下午第 2 节	13709308228

特此证明

漳州市第四期中小学学科带头人地理与历史课程安排表（地理）

时　间		内容（讲座题目）	授课专家	职称、职务	课时	上课地点
7 月 17 日	上午 8：30—11：00	地理教学系列一激活课堂的策略（上）	陈思鹏	芗城实验中学高级教师	4	博中 302
	下午 3：00—5：30	地理教学系列一激活课堂的策略（下）	陈思鹏	芗城实验中学高级教师	4	博中 302
7 月 18 日	上午 8：30—11：00	建设生态背景下水土保持在地理实践教学中的应用	陈海滨	闽南师范大学副教授	4	博中 302
	下午 3：00—5：30	地理信息技术在中学地理教学中应用	陈海滨	闽南师范大学副教授	4	博中 302
7 月 19 日	上午 8：30—11：00	新信息时代的地理学的发展与创新（上）	何绍福	闽南师范大学研究员、博士	4	博中 302
	下午 3：00—5：30	新信息时代的地理学的发展与创新（下）	何绍福	闽南师范大学研究员、博士	4	博中 302
7 月 20 日	上午 8：30—11：00	地理试题及命题技巧（上）	郑日升	漳州一中高级教师	4	博中 302
	下午 3：00—5：30	地理试题及命题技巧（下）	郑日升	漳州一中高级教师	4	博中 302
7 月 21 日	上午 8：30—11：00	浅谈区域地理的复习方法	韩美茹	芗城中学高级教师	4	博中 302
	下午 3：00—5：30	气候类型判读方法	韩美茹	芗城中学高级教师	4	博中 302
7 月 22 日	上午 8：30—11：00	地理之道	张丽玲	漳州二中高级教师	4	博中 302
	下午 3：00—5：30	剖析《2016 全国地理高考 I 卷》及教学启示	张丽玲	漳州二中高级教师	4	博中 302

证　明

闽南师范大学历史与社会学系于 2013 年 7 月聘请漳州二中张丽玲老师为 2011 级人文专业函授班《地理教材教法》指导老师。

特此证明。

闽南师范大学历史与社会学系
2013 年 7 月 28 日

指 导 教 师 证 明

张丽玲老师于 2016 年 7 月承担漳州市教育局组织、闽南师范大学历史与社会发展学院承办的漳州市第四届中学地理学科带头人培训任务，对地理高考命题特点和教学指导效果优秀。

特此证明

闽南师范大学历史与社会发展学院
二○一六 年 七 月

证　明

漳州师院历史与社会学系于 2010 年 12 月邀请漳州二中张丽玲老师为 08 级人文地理（1 班）和（2 班）学生的教育实习进行教学指导。

特此证明。

漳州师院历史与社会学系
2011 年 12 月

证　明

漳州师院历史与社会学系于 2010 年 12 月邀请张丽玲老师指导 07 级人文地理肖俊等 16 名学生的教育实习指导工作。特此证明。

历史与社会学系
2010 年 12 月

指 导 教 师 证 明

张丽玲老师于 2011 年 7 月 31 日承担漳州市教育局组织、闽南师范大学历史与社会发展学院承办的漳州市首届中学地理学科带头人培训任务，对地理高考战略战术指导效果优秀。

特此证明

闽南师范大学历史与社会发展学院
二○一一 年七 月卅一日
历史与社会发展学院

指 导 教 师 证 明

闽南师范大学历史与社会学系聘请张丽玲老师于 2014 年 7 月—8 月指导漳州市第三期地理学科带头人的课堂教学及教材整合研究工作，效果良好，特此证明。

闽南师范大学历史与社会学系
2014 年 7 月

指 导 教 师 证 明

张丽玲老师于 2014 年 7 月 31 日承担漳州市教育局组织、闽南师范大学历史与社会发展学院承办的漳州市第三届中学地理学科带头人培训任务，对地理教材的整合及打造高效的地理课堂指导效果优秀。

特此证明

闽南师范大学历史与社会发展学院

二〇一四年七月三十一日

张丽玲论文发表部分期刊

后 记

本书为福建省教育科学"十三五"规划2020年度立项课题（立项批准号：NO.FJJKXB20-513）《高考新评价体系下普通高中地理课堂角色反转的教学研究》和2020年福建省普通教育教学研究室立项课题（立项批准号：NO.MJYKT-062）《SOLO分类视域下地理课堂学习评价的实践研究》省级课题研究的基础上形成的创新的教学研究成果。2022年7月，《搭·展·评·达——地理课堂角色反转教学模式的探索与实践》荣获漳州市教学成果一等奖并入围福建省教学成果参评。

本书浓缩著者26年的教研成果，聚焦地理学科核心素养培育，"立德树人"为学生终身发展奠基。本教学成果以角色反转为支点实现"教""学""评""达"教学联动创新教学模式，成功撬动学生地理学习的生命力。本书共分六部分：第一部分为"缘起——教育情怀"，第二部分为"理念——守正创新"，第三部分为"历程——厚积薄发，"第四部分为"进阶——实践提升"，第五部分为"成效——赋能多方"，第六部分为"推广——由点到面"。该成果有力推进地理教育教学研究，促进学科建设，助力教师成长。笔者分享教学改革成果，发挥省级高中地理示范校的辐射作用，提升育人价值！

本教学成果得到福建师范大学地理科学学院袁书琪教授、福建省教育学院邹开煌教授和华东师范大学单中惠教授等专家关心指导，以及漳州二中地理同仁和学校领导的大力支持，不断日臻完善、提升。谨对上述专家、领导和福建省闽南师范大学附属地理组同仁致以敬意和谢忱。

限于研究和写作水平尚浅，本书有误之处，恳请专家和同行批评指正。

张丽玲

2023年1月1日